공무원영어 **독해이론의 올바른 길잡이**

정수현 영어
Text Structure and Pattern
독해이론

정수현 편저

머리말 Preface

수험생에게 주어진 시간의 밀도

 공무원 수험생은 일반 수험생들과 다릅니다. 점수획득 자체가 목적이 아니라, 수험생의 직업, 더 나아가 수험생의 인생의 방향과 질 자체가 결정되는 시험을 준비하는 사람들입니다. 또한 공무원 시험을 준비하는 연령대와 배경의 스펙트럼이 굉장히 넓기 때문에 시험의 난이도와 상관없이 수험생 개인 개인이 느끼는 어려움의 크기 또한 다양합니다. 가령, 30대의 수험생에게 공무원 시험의 합격은 적어도 향후 50년 이상의 삶에 영향을 미치게 됩니다. 따라서 공무원 시험을 준비하는 1년 이라는 시간의 밀도는 50년 이상의 시간과 맞먹는 밀도를 가지게 되는 것입니다.

합격을 위해 필요한 3가지

 따라서 공무원 시험을 준비하는 수험생들에게 강의를 할 때 가장 중요하다고 생각하는 것은 그 소중한 시간을 헛되이 보내지 않고, 합격이라는 목표를 최대한 단기간에 이룰 수 있도록 하는 것입니다. 수험생들은 각기 다른 인생의 지점에서 다른 이야기들을 가슴에 담고 수험생활을 시작합니다. 각자 다른 실력의 출발점에서 각기 다른 향상의 속도를 가지고, 기간이 정해져 있지 않은 수험생활을 해 나갑니다. 현재 수험생 본인의 실력은 중요하지 않습니다. 그 수준에 맞추어 시작을 하면 됩니다. 그리고 체계적이고 전문적인 영역별, 단계별 수업에 맞추어 실력을 향상해가며 점수를 만들어 가는 것입니다. 1) 수험영어에 최적화된 커리큘럼과, 2) 강사의 내공과 강의실력, 그리고 3) 학생의 노력과 열정이 만나 합격의 결실을 만들어 냅니다.

공무원 영어시험은 왜 어려운가?

공무원 영어시험은 타 공인 영어시험에 비해 난이도가 높지 않습니다. 반면 시험의 수준에 비해 합격점수를 획득하는 것이 쉽지 않습니다. 그 이유는 1) **문항수가 20개** 밖에 되지 않습니다. 그것이 의미하는 것은 한 문제당 점수 배점이 5점이라는 것입니다. 하나를 틀리면 5점을 잃게 되는 것입니다. 2) 20개 밖에 되지 않는 문항에 **출제되는 영역이 4개**(독해, 문법, 어휘, 생활영어)나 됩니다. 즉, 준비해야 할 시험범위가 다양하며, 한 영역의 점수가 타 영역의 점수를 보장하지 못합니다. 3) 개별 영역에서 출제되는 **질문유형이 매우 다양**합니다. 4) 마지막으로 **20문항을 적어도 30분 안에** 풀어야 합니다. 수험생들에게 가장 힘든 부분입니다.

학습한 이론을 점수화 시켜야 합니다!

따라서 단순 이론의 학습으로는 절대 합격이 가능하지 않습니다. 이론의 학습 이후에 수험생이 독립적으로, 배운 이론을 문제에 적용할 수 있도록 영역별로, 질문유형별로 충분한 훈련을 받아야 합니다. 공무원 영어의 시험범위는 정해져 있습니다. 그러나 시험범위의 이론이 문제에 자동으로 적용돼서 점수로 연결되는 일은 없습니다. 이론의 학습과, 문제에 이론을 적용하는 것은 전혀 다른 차원의 문제이며, **매우 체계적이고 전문적인 훈련과 강의 테크닉이 필요**합니다.

오랜 기간에 걸친 다양한 강의 경력과 전문적인 교육, 그리고 목표에 대한 뜨거운 열정을 가지고 수험생 여러분의 합격에 든든한 버팀목이 되고자 합니다.

정 수 현 드림

구성과 특징 | Structure

1. 전문적인 독해 이론서

본서는 지문을 정확하고 빠르게 이해하기 위한 두 단계의 독해이론을 제시합니다. 첫 번째 단계가 **Text Structure(글의 구조) 분석**이고, 두 번째 단계가 **Text Pattern(글의 패턴) 파악**입니다.

한국어 원어민이지만 '국어과목'에서 글의 내용파악을 어떻게 효과적으로 할 수 있는지를 배우는 것처럼 영어에서도 마찬가지로 글의 정독과 속독을 위해 반드시 **구조**와 **패턴**에 관한 **이해**와 **학습**, 그리고 **훈련**이 필요합니다.

1) 1단계 - Text Structure (글의 구조)

어떤 언어이든 상관없이 모든 글이라는 것은 '**보편적인 구조**'를 가지고 있습니다. 즉, 글에는 글쓴이가 다루고자 하는 **소재(Topic)**이 반드시 존재하며, 그 소재(Topic)에 관한 글쓴이의 **중심생각(Main Idea)**가 필연적으로 존재합니다. 그리고 그 소재와 중심생각에 대한 **부연설명(Supporting Details)**가 반드시 함께합니다.

2) 2단계 - Text Pattern (글의 패턴)

모든 글에는 보편적인 구조가 존재하지만, 자신의 주장이나 설명을 풀어가는 방식은 사람마다 다릅니다. 가령, 어떤 글쓴이는 자신의 중심생각을 먼저 말하고 부연설명을 이어가며, 또 다른 글쓴이는 부연설명으로 시작하여 자신의 중심생각을 마지막에 결론짓습니다. 혹은 문제에 대한 원인을 규명하고, 해결책을 찾아가는 패턴을 취하기도 하며, 때로는 문제를 제시하고 답을 찾는 패턴이 존재하기도 합니다. 즉, 글을 풀어나가는 방식을 글의 패턴이라고 생각하면 용이합니다.

본서에서는 수험생이 반드시 알아야 하는 10개의 패턴을 학습하여 글을 빠르게 이해할 수 있도록 하며, 더 나아가 질문에 정확하게 답할 수 있는 전략의 토대를 형성해 나갑니다.

2. 정확하고 세부적인 해설의 구성

1) Part I의 Text Structure(지문구조)에서는 지문구조의 구성성분인 소재(Topic), 중심 생각(Main Idea), 부연설명(Supporting Details)에 대한 상세 해설을 제시된 지문 오른쪽 페이지에 바로 제시하여 지문의 Mapping이 명확하게 이해되도록 하였습니다.

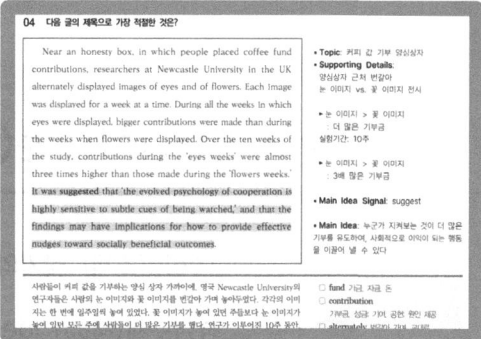

2) Part II의 Text Pattern(지문 패턴)에서는 지문의 구조에 대한 학습이 기본적으로 이루어진 후의 단계이기 때문에 지문에 대한 해설을 제시된 지문과 분리하여 독립적으로 교재의 후반부에 제공하였습니다. 수험생 여러분이 해설에 의존하지 않고 독립적인 Mapping능력 향상시켜 나가기 위함입니다.

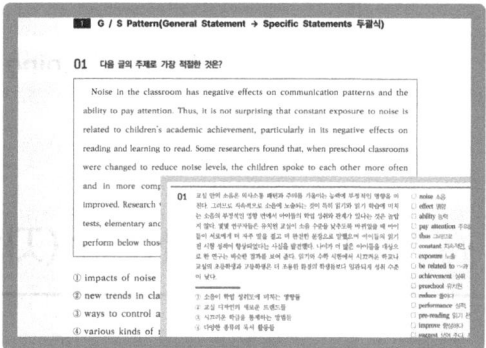

3. 단계별 학습 권장

글의 구조와 패턴 학습을 통해 지문의 내용을 어느 정도 이해한다 할지라도, 현장에서의 오랜 경험에 따르면, 많은 수험생들이 문장차원에서의 정확한 해석이 이루어지지 않아서 지문 전체의 내용을 이해하는 데 종종 어려움을 겪습니다. 그럴 경우 수험생들의 잘못된 해결방식 중 하나가 해설지를 보고 본인이 지문을 스스로 이해했다고 착각하는 것입니다.

독해의 가장 기본 단계는 단어와 문장의 학습입니다. 특히 문장의 구조적 분석에 따른 정확한 해석이 이루어지지 않으면 지문 전체의 내용이해가 흔들릴 수 있습니다. 따라서 본서를 학습함에 있어서 문장 차원의 정확한 해석이 계속 문제된다면 「정수현의 구문」 학습을 통해 먼저 문장해석의 기본기를 다지기를 바랍니다.

목차 Contents

Part 01 Text Structure (지문구조)

Chapter 01	Topic(소재) 찾기의 3원칙	010
Chapter 02	중심주제(Main Idea) 찾기	028
Chapter 03	세부사항(Supporting Details)	070
Practice Test	지문구조 Mapping	102

Part 02 Text Pattern (지문패턴)

Chapter 01 **Patterns for 예측 & 속독** —————— 146

① G / S Pattern —————— 146
② S / G Pattern —————— 151
③ Cause & Effect Pattern —————— 156
④ Problem & Solution Pattern —————— 156
⑤ Q & A Pattern —————— 162

Chapter 02 **Patterns for 예측 & 속독** —————— 166

⑥ Description Pattern —————— 166
⑦ Comparison and Contrast Pattern —————— 172
⑧ Listing Pattern —————— 178

	❾ Time Order Pattern / Spatial Order Pattern	178
	❿ Adversative Pattern	188
Practice Test	지문패턴 Check	196

Part 03 Text Pattern(지문패턴) 정답과 해설

Chapter 01	**Patterns for 예측 & 속독**	218
	❶ G / S Pattern	218
	❷ S / G Pattern	221
	❸ Cause & Effect Pattern	224
	❹ Problem & Solution Pattern	224
	❺ Q & A Pattern	227
Chapter 02	**Patterns for 예측 & 속독**	229
	❻ Description Pattern	229
	❼ Comparison and Contrast Pattern	232
	❽ Listing Pattern	235
	❾ Time Order Pattern / Spatial Order Pattern	235
	❿ Adversative Pattern	241
Practice Test	지문패턴 Check	245

Part 01

Text Structure(지문구조)

CHAPTER 01
Topic(소재)찾기의 3원칙

CHAPTER 02
Main Idea(주제)찾기의 3원칙

CHAPTER 03
Supporting Details(부연설명)처리의 3원칙

Practice Test
지문구조 Mapping

CHAPTER 01 Topic(소재) 찾기의 3원칙

Strategy NO. 1 첫 문장을 절대 놓치지 마라!!

Strategy No. 2 Topic의 방향(+/-)과 범위(Scope)를 확인하라!!

Strategy No. 3 Topic은 반드시 Detail로 연결되어야 한다.

독해를 시험으로 봐야 하는 수험생들에게 지문의 내용을 정확하게 파악하기 위해서 반드시 필요한 첫 번째 훈련과정은 **지문의 구조를 Mapping하는 것**이다. 우리가 모르는 길을 찾아갈 때 방향과 위치, 거리 등을 기준으로 목적지를 향해 가는 것처럼, 지문의 내용을 명확히 파악하려면 지문의 구조, 즉 그 글의 **소재(Topic)**와 그 소재(Topic)에 대한 저자의 **중심생각(Main Idea)**을 찾고, 그리고 그 중심생각(Main Idea)을 **부연설명(Supporting Details)**으로 연결하여 이해할 수 있어야 한다. 그것이 시험 독해를 준비하는 첫 단계이다.

Supporting Details는 말 그대로 저자의 Main Idea에 대한 부연 설명들이며, Main Idea는 Topic에 대한 저자의 중심생각이므로, 글의 내용을 이해하기 위해서 먼저 Topic을 정확하게 찾는 것이 매우 중요하다. 왜냐하면 Topic을 찾지 않은 채로 Main Idea를 찾는 것은 어려운 일이며, 그 Topic에 대한 중심생각의 부연설명들을 Topic이 찾아지지 않은 채로 이해한다는 것은 불가능하기 때문이다. 즉, 글의 Topic 찾기는 지문 전체 내용을 이해하기 위한 첫 단추라고 할 수 있다.

Topic은 지문전체에 걸쳐 하나밖에 없으며, Topic이 소개되어야 저자가 글을 풀어나갈 수 있으므로 **Topic은 대개 지문의 첫 문장에 위치한다**. 또한 Topic을 강조하기 위해 다음과 같은 **강조표현들**이 첫 문장에 사용된다.

● 첫 문장 강조표현

① 등위상관접속사 – not A but B, not only A but also B, A as well as B

② 부정어 – not, never, no, little, hardly, etc

③ 비교 – more A than B

④ 종속절 / 주절

⑤ 전문인, 연구 – research, study, survey, interview

⑥ 명사복수형

⑦ 강조단어
- 형용사 – important, controversial, different
- 동사 – show, suggest, found
- 대조단어 – increase/decrease
- 방향단어 – (+) / (-)

⑧ 최상급표현 – the most, always, only,

⑨ 시간표현 – 과거(In the past, once, previously) / 현재 (now, today)

⑩ 명령어

⑪ Q & A

⑫ 정의 (A is ~)

⑬ 속담/격언

⑭ 숫자

01 다음 글의 제목으로 가장 적절한 것은?

Simply providing students with complex texts is not enough for learning to happen. Assigning students to independently read, think about, and then write about a complex text is not enough, either. Quality questions are one way that teachers can check students' understanding of the text. Questions can also promote students' search for evidence and their need to return to the text to deepen their understanding. Teachers take an active role in developing and deepening students' comprehension by asking questions that cause them to read the text again, resulting in multiple readings of the same text. In other words, these text-based questions provide students with a purpose for rereading, which is critical for understanding complex texts.

① Questions That Science Can't Answer Yet
② Too Many Tests Make Students Tired
③ Questioning for Better Comprehension
④ There Is Not Always Just One Right Answer

[*Answer & Explanation 01*]

01 다음 글의 제목으로 가장 적절한 것은?

> Simply providing students with complex texts is **not** enough for learning to happen. Assigning students to independently read, think about, and then write about a complex text is **not** enough, either. Quality questions are one way that teachers can check students' understanding of the text. Questions can also promote students' search for evidence and their need to return to the text to deepen their understanding. Teachers take an active role in developing and deepening students' comprehension by asking questions that cause them to read the text again, resulting in multiple readings of the same text. In other words, **these text-based questions provide students with a purpose for rereading, which is critical for understanding complex texts.**

- **강조표현**: 부정어 not

- **Topic**: 교사의 양질의 질문들

- **Supporting Details**
  1) 학생의 지문 이해 점검
  2) 학생의 지문 반복 읽기 촉진

- **Main Idea**: 텍스트에 근거한 질문은 학생에게 다시 읽어야 하는 목적을 제공해 주고, 이것은 어려운 텍스트를 이해하는 데 있어 중요하다.

그저 학생에게 어려운 텍스트를 제공하는 것으로는 학습이 일어나기에 충분하지 않다. 학생에게 어려운 텍스트를 혼자 읽고 그것에 관해 생각해 보고 그것에 관한 글을 쓰게 과제를 주는 것 또한 충분하지 않다. 양질의 질문은 교사가 학생의 텍스트에 대한 이해를 확인할 수 있는 한 가지 방법이다. 질문은 또한 학생들의 이해를 심화시키기 위해 그들의 증거 탐색과 텍스트로 되돌아가야 할 필요를 촉진할 수 있다. 학생이 텍스트를 다시 읽게 하는 질문을 던져서 결국 동일한 텍스트를 여러 번 읽게 함으로써 학생의 이해를 진전시키고 심화시키는 데 있어 교사는 적극적인 역할을 한다. 다시 말해서, 텍스트에 근거한 질문은 학생에게 다시 읽어야 하는 목적을 제공해 주고, 이것은 어려운 텍스트를 이해하는 데 있어 중요하다.

① 과학이 아직 답할 수 없는 질문들
② 너무 많은 시험들이 학생들을 피곤하게 만든다
③ 더 나은 이해를 위한 질문
④ 항상 한 가지 정답만 있는 것은 아니다

정답 ③

- ☐ provide A with B A에게 B를 제공하다
- ☐ assign 주다, 부여하다
- ☐ independently 독립적으로, 혼자서
- ☐ quality 양질의
- ☐ promote 촉진하다
- ☐ evidence 증거
- ☐ deepen 심화시키다
- ☐ comprehension 이해, 포함
- ☐ result in 결국 ~하게 되다
- ☐ multiple 많은, 다수의, 여러 번의
- ☐ text-based 텍스트에 근거한
- ☐ purpose 목적
- ☐ critical 중요한

02 다음 글의 주제로 가장 적절한 것은?

While some sand is formed in oceans from things like shells and rocks, most sand is made up of tiny bits of rock that came all the way from the mountains! But that trip can take thousands of years. Glaciers, wind, and flowing water help move the rocky bits along, with the tiny travelers getting smaller and smaller as they go. If they're lucky, a river may give them a lift all the way to the coast. There, they can spend the rest of their years on the beach as sand.

① things to cause the travel of water
② factors to determine the size of sand
③ how most sand on the beach is formed
④ many uses of sand in various industries

[*Answer & Explanation*]
02 다음 글의 주제로 가장 적절한 것은?

> **While** some sand is formed in oceans from things like shells and rocks, most sand is made up of tiny bits of rock that came all the way from the mountains! But that trip can take thousands of years. Glaciers, wind, and flowing water help move the rocky bits along, with the tiny travelers getting smaller and smaller as they go. If they're lucky, a river may give them a lift all the way to the coast. There, they can spend the rest of their years on the beach as sand.

- **강조표현**: 종속절 / 주절
- **Topic**: 바다모래
- **Main Idea**: 바다모래는 멀리 산맥에서 온 암석의 작은 조각들로 이루어져 있다.

- **Supporting Details**:
  1) 수천 년의 기간
  2) 빙하, 바람, 흐르는 물의 도움
  3) 강 → 해안으로 이동
  4) 해변의 모래로 안착

어떤 모래는 조개껍질이나 암초와 같은 것들로부터 바다에서 만들어지기도 하지만, 대부분의 모래는 멀리 산맥에서 온 암석의 작은 조각들로 이루어져 있다! 그런데 그 여정은 수천 년이 걸릴 수 있다. 빙하, 바람 그리고 흐르는 물은 이 암석 조각들을 운반하는 데 도움이 되고, 작은 여행자들(암석 조각들)은 이동하면서 점점 더 작아진다. 만약 운이 좋다면, 강물이 그것들을 해안까지 내내 실어다 줄지도 모른다. 거기서, 그것들은 해변에서 모래가 되어 여생을 보낼 수 있다.

① 물의 이동을 일으키는 것들
② 모래의 크기를 결정하는 요인들
③ 해변의 대부분의 모래가 어떻게 형성되는지
④ 다양한 산업에서 모래의 많은 사용들

□ form 만들다, 형성하다
□ shell 조개껍질
□ be made up of ~으로 이루어지다
□ tiny 작은
□ all the way 멀리, 내내
□ glacier 빙하
□ factor 요인, 요소; 원인
□ determine 결정하다
□ various 다양한

정답 ③

03 다음 글의 요지로 가장 적절한 것은?

According to professor Jacqueline Olds, there is one sure way for lonely patients to make a friend — to join a group that has a shared purpose. This may be difficult for people who are lonely, but research shows that it can help. Studies reveal that people who are engaged in service to others, such as volunteering, tend to be happier. Volunteers report a sense of satisfaction at enriching their social network in the service of others. Volunteering helps to reduce loneliness in two ways. First, someone who is lonely might benefit from helping others. Also, they might benefit from being involved in a voluntary program where they receive support and help to build their own social network.

① 행복한 삶을 위해서는 혼자만의 시간이 필요하다.
② 한 가지 봉사 활동을 지속적으로 하는 것이 좋다.
③ 봉사 활동은 진로를 탐색할 수 있는 기회를 제공한다.
④ 외로움을 극복하는 데는 봉사 활동이 유익하다.

정수현 영어 독해 이론 [Text Structure and Pattern]

[*Answer & Explanation*]
03 다음 글의 요지로 가장 적절한 것은?

> According to **professor** Jacqueline Olds, there is one sure way for lonely patients to make a friend — to join a group that has a shared purpose. This may be difficult for people who are lonely, but research shows that it can help. Studies reveal that people who are engaged in service to others, such as volunteering, tend to be happier. Volunteers report a sense of satisfaction at enriching their social network in the service of others. Volunteering helps to reduce loneliness in two ways. First, someone who is lonely might benefit from helping others. Also, they might benefit from being involved in a voluntary program where they receive support and help to build their own social network.

- **강조표현**: 전문인(professor)

- **Topic**: 외로운 환자들이 친구를 사귈 수 있는 확실한 방법

- **Main Idea**: 외로운 환자들이 친구를 사귈 수 있는 확실한 방법은 공동의 목적을 가진 집단에 가입하는 것이다.

- **Supporting Details**:
자원봉사의 외로움 감소 근거
1) 타인을 도와주는 일로부터 혜택
2) 자원봉사 프로그램의 참여로 사회적 관계망을 형성하는 데 지지와 도움

Jacqueline Olds 교수에 따르면, 외로운 환자들이 친구를 사귈 수 있는 한 가지 확실한 방법이 있는데, 공동의 목적을 가진 집단에 가입하는 것이다. 이것은 외로운 사람들에게는 어려운 일일지도 모르지만, 연구에 따르면 그것은 도움이 될 수 있다. 여러 연구는 자원봉사와 같이 다른 사람에게 도움이 되는 일을 하는 사람이 더 행복한 경향이 있다는 것을 보여 준다. 자원봉사자들은 다른 사람들을 도와주면서 자신들의 사회적 관계망을 풍부하게 하는 데서 만족감을 얻는다고 말한다. 자원봉사는 두 가지 방식으로 외로움을 감소시키는 데 도움이 된다. 우선, 외로운 사람은 다른 사람을 도와주는 일로부터 혜택을 받을지도 모른다. 또한 그들은 자신들의 사회적 관계망을 형성하는 데 지지와 도움을 얻게 되는 자원봉사 프로그램에 참여하는 것으로부터 혜택을 받을지도 모른다.

정답 ④

- according to ~에 따르면
- lonely 외로운
- patient 환자
- shared 공동의, 공유되는
- reveal 보여 주다, 드러내다
- be engaged in ~을 하다
- volunteer 자원봉사하다; 자원봉사자
- tend to V ~하는 경향이 있다
- sense of satisfaction 만족감
- enrich 풍부하게 하다
- reduce 줄이다
- benefit from ~로부터 혜택을 받다
- be involved in ~에 참여하다

CHAPTER 01 Topic(소재) 찾기의 3원칙

04 다음 글의 주제로 가장 적합한 것은?

> Researchers at the University of Michigan are studying the effects of nicotine on the brain. Nicotine is the major drug in cigarettes. Recently they have found that cigarettes give several "benefits" to smokers that may help explain why quitting smoking is so hard. The nicotine in cigarettes seems to help smokers with problems of daily living. It helps them feel calm. Nicotine also caused short-term improvements in concentration, memory, alertness, and feelings of well-being.

① Researchers at the University of Michigan are studying how to help smokers stop smoking.

② Nicotine improves concentration, memory, and alertness.

③ Some "benefits" of smoking may help explain why smokers have a hard time quitting.

④ Researchers at the University of Michigan have developed a new program to help people stop smoking.

정수현 영어 독해 이론 [Text Structure and Pattern]

[***Answer & Explanation***]
04   다음 글의 주제로 가장 적합한 것은?

> **Researchers at the University of Michigan are studying the effects of nicotine on the brain.** Nicotine is the major drug in cigarettes. Recently they have found that **cigarettes give several "benefits" to smokers that may help explain why quitting smoking is so hard**. The nicotine in cigarettes seems to help smokers with problems of daily living. It helps them feel calm. Nicotine also caused short-term improvements in concentration, memory, alertness, and feelings of well-being.

- **강조표현**: 연구 / 전문인
- **Topic**: 니코틴이 뇌에 미치는 긍정적인 영향들
- **Main Idea**: 니코틴의 긍정적인 영향들 때문에 금연이 어렵다.
- **Supporting Details**:
  니코틴의 이로움들
  1) 차분
  2) 집중도, 기억, 기민함, 행복감 단기간 향상

미시건 대학의 과학자들은 뇌에 미치는 니코틴의 영향들에 대해서 연구 중이다. 니코틴은 담배 안에 함유된 주된 약물이다. 최근에 그들은 담배가 흡연자들에게 여러 혜택들을 준다는 사실을 발견했고, 그것은 담배를 끊는 것이 왜 그토록 어려운지를 설명하는 데 도움이 될 수도 있다. 담배 속의 니코틴은 흡연자들이 일상생활에서 일어나는 문제를 해결하는 데 도움을 주는 것처럼 보인다. 니코틴은 흡연자들이 차분하게 느낄 수 있도록 도와준다. 니코틴은 또한 집중, 기억, 기민함과 행복을 단기간동안 향상시켜준다.

① 미시간 대학의 연구원들은 흡연자들이 담배를 끊도록 돕는 방법을 연구하고 있다.
② 니코틴은 집중력, 기억력, 그리고 주의력을 향상시킨다.
③ 흡연의 일부 "이점"들은 흡연자들이 왜 금연에 어려움을 겪는지 설명하는데 도움을 줄 수 있다.
④ 미시간 대학의 연구원들은 사람들이 담배를 끊는 것을 돕는 새로운 프로그램을 개발했다.

정답 ③

- ☐ effect 효과, 영향
- ☐ drug 약, 마약
- ☐ benefit 이익, 이득
- ☐ quit 그만두다, 끊다
- ☐ improvement 개선, 향상
- ☐ concentration 집중, 집중력
- ☐ alertness 기민함, 민첩성
- ☐ well-being 안녕, 행복

05 다음 글의 주제로 가장 적합한 것은?

According to the recent research, people who cry are healthier than people who suppress their tears. Emotional tears shed during stressful or sad time can relieve tension and even prevent such bodily disturbances as cancer or heart attack. People actually look better after a good cry. Less irritation and anxiety is apparent in their faces. Professor Sheridan of Yale University said that afterwards there are no headaches or bloodshot in their eyes.

① Weep, and it will help you in many ways.
② Keep your emotions under strict control.
③ If you weep, you'll get headaches and cancer.
④ If you don't weep, you'll be less irritated and anxious.

정수현 영어 독해 이론 [Text Structure and Pattern]

[*Answer & Explanation*]

05 다음 글의 주제로 가장 적합한 것은?

> According to the **recent research, people who cry are healthier than people who suppress their tears**. Emotional tears shed during stressful or sad time can relive tension and even prevent such bodily disturbances as cancer or heart attack. People actually look better after a good cry. Less irritation and anxiety is apparent in their faces. Professor Sheridan of Yale University said that afterwards there are no headaches or bloodshot in their eyes.

- **강조표현**: 연구 / 비교급
- **Topic**: 울음
- **Main Idea**: 울음은 참는 것 보다 우는 것이 더 건강에 좋다.

- **Supporting Details**: 우는 것의 장점들
  1) 긴장완화, 질병예방
  2) 짜증과 근심 감소
  3) 두통과 눈의 충혈 제거

최근의 연구에 따르면, 눈물을 참는 사람들 보다 우는 사람들이 더 건강하다. 스트레스를 받거나 슬플 때 감정을 표현하여 눈물을 흘리는 것은 긴장을 완화시키고, 심지어 암이나 심장병 같은 신체적 장애를 예방한다. 실제로 사람들은 실컷 울고 나면 더 좋아 보인다. 짜증과 근심이 줄어든 게 그들의 얼굴에 확연히 드러난다. 실컷 울고 난 사람들은 그 후에 두통이나 눈의 충혈이 없어진다고 예일 대학의 셰리던(Sheridan) 교수는 말했다.

① 눈물을 흘리면 여러모로 도움이 될 것이다.
② 당신의 감정을 엄격하게 통제하라.
③ 만약 당신이 울면, 당신은 두통과 암에 걸릴 것입니다.
④ 만약 당신이 울지 않는다면, 여러분은 덜 짜증나고 덜 불안할 것이다.

정답 ①

- ☐ suppress 억압하다, 억누르다
- ☐ shed (눈물을) 흘리다
- ☐ relieve (고통, 부담 따위를) 경감하다, 덜다
- ☐ tension 긴장
- ☐ disturbance 장애, 방해, 폐해; 소란, 소동
- ☐ irritation 노여움, 초조
- ☐ anxiety 걱정, 근심
- ☐ apparent 명백한
- ☐ headache 두통
- ☐ bloodshot (눈이) 충혈 된
- ☐ weep 눈물을 흘리다, 울다

06 다음 글의 주제로 가장 적합한 것은?

It is little wonder that Japan's funerals rank among the world' expensive. Few Japanese today can afford to give their loved ones a proper ceremony without seriously draining their bank accounts. So while the number of Japanese customers is growing, they are becoming far more careful in planning for their final exit. Tokyo funeral-home director Yutaka recalls a recent workshop he hosted. After he provided a breakdown of the charges, one elderly woman asked whether she could receive a discount since she had fewer bodily fluids and was much smaller than most adults.

① Few Japanese drain their bank account for the funeral ceremony of their loved ones.
② Japan's funerals rank among the world's most expensive.
③ The elderly woman could receive a discount because she was much smaller than normal adults.
④ The funeral-home director finally provided a breakdown of the charges.

정수현 영어 독해 이론 [Text Structure and Pattern]

[*Answer & Explanation*]
06   다음 글의 주제로 가장 적합한 것은?

> It is little wonder that Japan's funerals rank among the world' expensive. Few Japanese today can afford to give their loved ones a proper ceremony without seriously draining their bank accounts. So while the number of Japanese customers is growing, they are becoming far more careful in planning for their final exit. Tokyo funeral-home director Yutaka recalls a recent workshop he hosted. After he provided a breakdown of the charges, one elderly woman asked whether she could receive a discount since she had fewer bodily fluids and was much smaller than most adults.

- **강조표현**: 부정어 little
- **Topic:** 일본의 장례식
- **Main Idea:** 일본의 장례식은 비싸다
- **Supporting Details:**
  → 너무 비싸서 장례 계획이 필요하다

  → 장례비와 관련된 사건

일본의 장례비용이 세계에서 가장 비싼 편에 속한다는 사실은 전혀 놀랄 일이 아니다. 은행 예금액의 상당부분을 인출하지 않고도 사랑하는 사람을 위해 적절한 장례식을 치러 줄 수 있는 일본인은 오늘날 거의 없다. 그래서 일본인 고객의 수가 증가하고 있긴 하지만, 그들은 자신들의 마지막 가는 길을 준비하는 데 있어 훨씬 더 신중해지고 있는 추세다. 도쿄 장례식장 운영자인 유타카(Yutaka)씨는 그가 최근에 주최했던 워크숍을 떠올렸다. 그가 요금 내역을 건네자 한 나이 지긋한 여성은 자신은 대부분 성인들에 비해 염을 할 때 나오게 될 분비물도 적고 몸집도 훨씬 작으니 할인을 받을 수 있는지 물었다.

① 사랑하는 사람의 장례식을 위해 통장을 비우는 일본인은 거의 없습니다.
② 일본의 장례식은 세계에서 가장 비싼 것 중 하나입니다.
③ 그 나이든 여성은 보통 성인들보다 훨씬 작기 때문에 할인을 받을 수 있었다.
④ 장례식장 관리자가 마침내 비용에 대한 명세서를 제공했다.

정답 ②

☐ funeral 장례식
☐ rank (등급, 순위를) 차지하다
☐ can afford to ~할 여유가 있다
☐ ceremony 의식
☐ drain 배수시키다. 소모시키다, 빠지다
☐ account 계좌
☐ recall 회상하다, 상기시키다
☐ host 접대하다 주최하다
☐ breakdown 고장, 쇠약, 명세 내역
☐ charge 짐 화물
☐ bodily fluid 유체 분비물

07 다음 글의 빈칸에 들어갈 말로 가장 적절한 것은?

It is crucial for parents to teach children that _____. Asians are particularly likely to believe that ability or intelligence is something you have to work for. Not surprisingly, Asian Americans work harder to achieve academic goals than European Americans. And Asians work harder after failure than after success unlike North Americans of European descent who work harder after success than after failure. It is important to teach children that if at first you don't succeed, try again harder.

① intelligence is highly hereditary
② their intelligence is under their control
③ intelligent people are not always successful
④ success in life doesn't always guarantee happiness

정수현 영어 독해 이론 [Text Structure and Pattern]

[***Answer & Explanation***]

07 다음 글의 빈칸에 들어갈 말로 가장 적절한 것은?

> It is crucial for parents to teach children that <u>their Intelligence is under their control.</u> Asians are particularly likely to believe that ability or intelligence is something you have to work for. Not surprisingly, Asian Americans work harder to achieve academic goals than European Americans. And Asians work harder after failure than after success unlike North Americans of European descent who work harder after success than after failure. It is important to teach children that if at first you don't succeed, try again harder.

- **강조표현**: 형용사 crucial
- **Topic**: 지능
- **Main Idea**: 아이들에게 지능은 통제 가능하다는 것을 가르쳐라
- **Supporting Details**:
  → 아시아인들의 성향
    아시아계 미국인과 유럽계 미국인의 비교

부모들이 아이들에게 그들의(아이들의) 지능은 통제할 수 있다는 것을 가르치는 것은 매우 중요하다. 아시아인들은 특히 능력 혹은 지능은 노력 해야만 하는 것이라고 믿는 것 같다. 따라서 아시아계 미국인들은 유럽계 미국인들 보다 학업 성취를 위해 더 열심히 노력한다는 것은 놀랍지 않다. 그리고 아시아인들은 성공 후 보다 실패 후에 더 열심히 노력한다. 그것은 실패 후 보다 성공 후에 더 열심히 노력하는 유럽계 북미인들 과는 다르다. 아이들에게 처음에 실패하더라도 계속 열심히 노력해야 한다는 걸 가르치는 것은 중요하다.

- ☐ crucial 중대한, 결정적인
- ☐ intelligence 지능
- ☐ be likely to ~할 것 같다
- ☐ achieve 달성하다, 성취하다
- ☐ unlike ~와 다르게
- ☐ descent 하강, 혈통, 가문
- ☐ hereditary 유전적인, 세습되는

① 지능은 매우 유전적이다
② 그들의 지능은 그들의 통제 하에 있다
③ 지적인 사람들이 항상 성공하는 것은 아니다
④ 인생의 성공이 항상 행복을 보장하는 것은 아니다

정답 ②

08 다음 글의 제목으로 가장 적절한 것은?

Korea is one of the only countries with a system to import live crab all the way from Norway, a cold country in northern Europe, according to the director of the Norwegian Seafood Council for Korea and Japan. Because consumers in Korea value high-end, fresh seafood, imports of Norwegian seafood have been growing. Form January to October this year, exports of seafood from Norway to Korea increased by 34 percent on-year to reach almost 68,000 tons. The surge follows a 17 percent on-year increase from 2022. While a large portion of imports is mackerel and salmon, premium king crab is also popular.

① Norway's Seafood Industry Dominates the World
② Korea's Changing Appetite Toward European Seafood
③ Norway's Seafood Exports to Korea and Japan Increase
④ Korea's Love for Seafood Boosts Imports from Norway

[*Answer & Explanation*]

08 다음 글의 제목으로 가장 적절한 것은?

> Korea is one of the **only** countries with a system to import live crab all the way from Norway, a cold country in northern Europe, according to the **director of the Norwegian** Seafood Council for Korea and Japan. **Because consumers in Korea value high-end, fresh seafood, imports of Norwegian seafood have been growing.** Form January to October this year, exports of seafood from Norway to Korea increased by 34 percent on-year to reach almost 68,000 tons. The surge follows a 17 percent on-year increase from 2022. While a large portion of imports is mackerel and salmon, premium king crab is also popular.

- **강조표현**: 최상급 only,
  전문인 - 노르웨이 수산업 협회장
- **강조표현**: 종속절 < 주절
- **Topic**: 한국의 노르웨이 해산물 수입
- **Main Idea**: 한국은 고급의 신선한 해산물을 높이 평가하기 때문에 노르웨이 해산물 수입이 증가해왔다.

- **Supporting Details**:
  2023년 - 2022년 대비 34% 상승
  2022년 - 2021년 대비 17% 상승
  수입해산물 - 고등어, 연어, 프리미엄 킹크랩

노르웨이 한일 수산업협회장에 따르면, 한국은 북유럽의 추운 나라인 멀리 노르웨이로부터 살아있는 게를 수입하는 시스템을 갖춘 유일한 나라들 중 하나이다. 한국의 소비자들은 고급의 신선한 해산물을 높이 평가하기 때문에, 노르웨이산 해산물의 수입이 증가해왔다. 올해 1월부터 10월까지 노르웨이에서 한국으로의 해산물 수출은 전년 대비 34퍼센트 증가하여 거의 6만 8천 톤에 이르렀다. 그 급증은 2022년 기준 전년(2021년)대비 17퍼센트 상승에 뒤이은 것이다. 수입의 상당한 부분이 고등어, 연어이지만 프리미엄 킹크랩도 또한 인기 있다.

① 세계를 지배하는 노르웨이의 해산물 산업
② 유럽산 해산물에 대한 한국의 변화하는 입맛
③ 노르웨이의 한국과 일본으로의 해산물 수출 증가
④ 노르웨이에서 수입을 늘리는 한국의 해산물 사랑

- ☐ import 수입하다
- ☐ live 형) 살아있는
- ☐ crab 게
- ☐ all the way 내내, 완전히, 먼 길을
- ☐ seafood council 수산물 협회
- ☐ consumer 소비자
- ☐ value 평가하다; 소중히(가치 있게) 여기다
- ☐ high-end 고급의
- ☐ fresh 신선한
- ☐ grow 증가하다
- ☐ export 수출
- ☐ increase 증가하다
- ☐ on-year 전년대비
- ☐ reach ~에 이르다, 도달하다
- ☐ surge 급증, 급등
- ☐ portion 부분
- ☐ mackerel 고등어
- ☐ salmon 연어
- ☐ popular 인기 있는

정답 ④

CHAPTER 02 중심주제(Main Idea) 찾기

Main Idea(주제)찾기의 3원칙

제 1조건(The Frist Condition) 반드시 Topic이 있어야 한다.

제 2조건(The Second Condition) Main Idea Signals가 있어야 한다.

제 3조건(The Third Condition) 반드시 세부사항(SD)으로 연결되어야 한다.

첫 문장의 강조표현을 통해 Topic(소재)을 찾았으면 다음 단계로 그 Topic에 대한 저자의 중심생각인 Main Idea를 확인해야 한다. Main Idea는 그 글을 쓴 저자가 가장 강조하는 내용이므로 대개 극강의 강조표현들이 함께하는 경우가 많다. Main Idea(중심생각)를 신호하는 표현들(Main Idea Signals)은 다음과 같다.

Main Idea Signals

1) BUT류의 접속사와 부사들
but, however, yet, rather, nevertheless, still, in fact, etc

2) 조동사
should, must, etc

3) 현재와 가까운 시간표현
now, recently, today, etc

4) 형용사 / 동사
important, necessary, essential, crucial, / show, suggest, found

01 다음 글의 요지로 가장 적절한 것은?

Certainly praise is critical to a child's sense of self-esteem, but when given too often for too little, it kills the impact of real praise when it is called for. Everyone needs to know they are valued and appreciated, and praise is one way of expressing such feelings — but only after something praiseworthy has been accomplished. Awards are supposed to be rewards — reactions to positive actions, honors for doing something well! The everpresent danger in handing out such honors too lightly is that children may come to depend on them and do only those things that they know will result in prizes. If they are not sure they can do well enough to earn merit badges, or if gifts are not guaranteed, they may avoid certain activities.

① 올바른 습관은 어린 시절에 형성된다.
② 칭찬은 아이의 감성 발달에 필수적이다.
③ 아이에게 칭찬을 남발하지 않는 것이 중요하다.
④ 물질적 보상은 학습 동기 부여에 도움이 되지 않는다.

정수현 영어 독해 이론 [Text Structure and Pattern]

[*Answer & Explanation*]
01 다음 글의 요지로 가장 적절한 것은?

> Certainly praise is critical to a child's sense of self-esteem, **but when given too often for too little, it kills the impact of real praise when it is called for.** Everyone needs to know they are valued and appreciated, and praise is one way of expressing such feelings — but only after something praiseworthy has been accomplished. Awards are supposed to be rewards — reactions to positive actions, honors for doing something well! The everpresent danger in handing out such honors too lightly is that children may come to depend on them and do only those things that they know will result in prizes. If they are not sure they can do well enough to earn merit badges, or if gifts are not guaranteed, they may avoid certain activities.

- **Main Idea Signal**: but

- **Topic**: 칭찬
- **Main Idea**: 아이에게 칭찬을 남발하지 않는 것이 중요하다.

- **Supporting Details**:
남발된 칭찬의 부작용

1) 상에 의존
2) 상 받을 것만 하기
3) 칭찬 배지나 선물이 없으면 하지 않기

분명 칭찬은 아이의 자존감에 중요하지만, 너무 사소한 일을 너무 자주 칭찬하면, 진정한 칭찬이 필요할 때 그 칭찬의 효과가 사라진다. 모든 사람은 그들이 가치가 있고 인정받는다는 것을 알 필요가 있으며, 칭찬은 그러한 느낌을 표현하는 하나의 방법이다 — 하지만 칭찬할 만한 일을 한 뒤여야만 한다. 상은 보상이어야 한다 — 긍정적인 행동에 대한 반응, 어떤 일을 잘 한 것에 대한 상! 그러한 상을 너무 가볍게 부여하는 것의 상존하는 위험은 아이들이 그것에 의존하고 상을 받을 것이라고 생각하는 일만을 하게 될 수도 있다는 것이다. 그들이 칭찬 배지를 받을 만큼 충분히 잘 할 수 있다고 확신하지 않거나, 혹은 보상이 보장되지 않는다면, 아이들은 그러한 활동은 피할지도 모른다.

정답 ③

- □ honor 영광; 존경, 곤경; 훈장(작위); ~에게 영광을 베풀다; (훈장 등을) 수여하다
- □ everpresent 항상 존재하는
- □ hand out 나눠주다, 배포하다
- □ depend on ~에 의존하다; ~에 달려있다
- □ result in ~을 초래하다
- □ merit badge 공로(공훈) 배지
- □ earn (돈을) 벌다; ~을 얻다
- □ guarantee 보장하다
- □ avoid 피하다

- □ certainly 틀림없이, 분명히
- □ praise 칭찬
- □ critical 대단히 중요한; 비판(비난)하는; 위태로운
- □ praise 칭찬
- □ self-esteem 자존감
- □ impact 영향(력)
- □ call for 요구하다
- □ value 높이 평가하다, 존중하다, 소중히 하다
- □ appreciate 진가를 알아보다(인정하다); 고마워하다; (제대로)인식하다
- □ praiseworthy 칭찬할 만한
- □ accomplish 성취하다
- □ award 상; 수여하다
- □ reward 보상
- □ reaction 반응

02 다음 글의 제목으로 가장 적절한 것은?

> If you want to protect yourself from colds and flu, regular exercise may be the ultimate immunity-booster. Studies have shown that moderate aerobic exercise can more than halve your risk for respiratory infections and other common winter diseases. But when you feel sick, the story changes. "Exercise is great for prevention, but it can be lousy for therapy," says David Nieman, the director of the Human Performance Lab. Research shows that moderate exercise has no effect on the duration or severity of the common cold. If you have the flu or other forms of fever-causing systemic infections, exercise can slow recovery and, therefore, is a bad idea. Your immune system is working overtime to fight off the infection, and exercise, a form of physical stress, makes that task harder.

① Signs You're Exercising Too Much
② Exercising When Sick: A Good Move?
③ Power Foods That Boost Your Immunity
④ Why You Should Start Working Out Now

정수현 영어 독해 이론 [Text Structure and Pattern]

[Answer & Explanation]
02 다음 글의 제목으로 가장 적절한 것은?

If you want to protect yourself from colds and flu, regular exercise may be the ultimate immunity-booster. Studies have shown that moderate aerobic exercise can more than halve your risk for respiratory infections and other common winter diseases. **But** when you feel sick, the story changes. **"Exercise is great for prevention, but it can be lousy for therapy,"** says David Nieman, the director of the Human Performance Lab. Research shows that moderate exercise has no effect on the duration or severity of the common cold. If you have the flu or other forms of fever-causing systemic infections, exercise can slow recovery and, therefore, is a bad idea. Your immune system is working overtime to fight off the infection, and exercise, a form of physical stress, makes that task harder.

- **Topic**: 운동

- **Main Idea Signal**: But

- **Main Idea**: 운동은 예방에는 좋지만 치료에는 나쁘다.

- **Supporting Ideas**: 연구 결과
  1) 일반감기 - 적당한 운동 영향 ×
  2) 독감 혹은 전신 감염
     - 운동은 회복을 더디게 한다.

만약 여러분이 자신을 감기와 독감으로부터 보호하고 싶다면, 규칙적인 운동이 최고의 면역력 촉진제가 될 것이다. 연구는 적당한 유산소 운동이 여러분이 호흡기 감염과 다른 흔한 겨울 질병에 걸릴 위험을 반감시켜주는 것 그 이상을 해줄 수 있음을 보여준다. 그러나 여러분이 아플 때는, 이야기가 달라진다. Human Performance Lab의 관리자인 David Nieman은 "운동은 예방에는 좋지만, 치료에는 나쁘다."라고 말한다. 연구는 적당한 운동이 감기의 지속 기간이나 심각성에 영향을 미치지 않는다는 것을 보여준다. 만약 여러분이 독감이나 다른 형태의 열을 일으키는 전신감염에 걸렸다면, 운동은 회복을 늦추고, 따라서 좋지 않은 방안이다. 여러분의 면역 체계는 그 감염을 물리치기 위해서 시간을 넘겨서 일하고 있으며, 신체적 스트레스의 한 형태인 운동은 그 과업을 더 어렵게 만든다.

① 당신이 운동을 너무 많이 하고 있다는 징후들
② 아플 때 운동하기: 좋은 행동?
③ 당신의 면역력을 높여주는 강력한 음식들
④ 당신이 지금 운동을 시작해야 하는 이유

정답 ②

- ☐ protect 보호하다
- ☐ cold 감기
- ☐ flu 독감
- ☐ regular 규칙적인
- ☐ ultimate 최고의, 궁극적인, 최후의, 최종적인
- ☐ immunity-booster 면역 촉진제
- ☐ moderate 보통의, 중간의
- ☐ aerobic exercise 유산소 운동
- ☐ halve 반으로 줄이다, 양분하다
- ☐ respiratory 호흡기의
- ☐ infection 감염
- ☐ prevention 예방
- ☐ lousy 나쁜, 아주 안 좋은
- ☐ therapy 치료
- ☐ duration 기간
- ☐ severity 심각성
- ☐ fever 열
- ☐ systemic infection 전신 감염
- ☐ recovery 회복
- ☐ therefore 따라서
- ☐ immune system 면역체계
- ☐ move 조치, 행동

03 다음 글의 제목으로 가장 적절한 것은?

　　Mammals tend to be less colorful than other animal groups, but zebras are strikingly dressed in black-and-white. What purpose do such high contrast patterns serve? The colors' roles aren't always obvious. The question of what zebras can gain from having stripes has puzzled scientists for more than a century. To try to solve this mystery, wildlife biologist Tim Caro spent more than a decade studying zebras in Tanzania. He ruled out theory after theory — stripes don't keep them cool, stripes don't confuse predators — before finding an answer. In 2013, he set up fly traps covered in zebra skin and, for comparison, others covered in antelope skin. He saw that flies seemed to avoid landing on the stripes. After more research, he concluded that stripes can literally save zebras from disease-carrying insects.

① Zebras' Stripes: Nature's Defense Against Flies
② Which Mammal Has the Most Colorful Skin?
③ What Animals Are Predators of Zebras?
④ Patterns: Not for Hiding, But for Showing Off

[*Answer & Explanation*]
03 다음 글의 제목으로 가장 적절한 것은?

> Mammals tend to be less colorful than other animal groups, but zebras are strikingly dressed in black-and-white. What purpose do such high contrast patterns serve? The colors' roles aren't always obvious. The question of what zebras can gain from having stripes has puzzled scientists for more than a century. To try to solve this mystery, wildlife biologist Tim Caro spent more than a decade studying zebras in Tanzania. He ruled out theory after theory — stripes don't keep them cool, stripes don't confuse predators — before finding an answer. In 2013, he set up fly traps covered in zebra skin and, for comparison, others covered in antelope skin. He saw that flies seemed to avoid landing on the stripes. After more research, **he concluded that stripes can literally save zebras from disease-carrying insects.**

- **Topic**: 얼룩말 줄무늬
- **Supporting Details**:
  얼룩말 줄무늬 역할 - 명확 ×

  100년 이상 과학자들 해답 찾지 못해

  야생 생물학자 Caro의 얼룩말 줄무늬 연구
  - 탄자니아 얼룩말 10년 이상 연구
  - 피부 온도 조절 ×
  - 포식자 혼돈 기능 ×

  - 파리 덫 설치
    얼룩말 가죽 vs. 영양 가죽
  - 파리: 줄무늬 위에 착륙 ×

- **Main Idea Signal**: conclude
- **Main Idea**: 줄무늬가 질병을 옮기는 곤충으로부터 얼룩말을 보호한다.

포유류는 다른 동물군에 비해 색이 덜 화려한 경향이 있지만 얼룩말은 두드러지게 흑백의 모습을 하고 있다. 이렇게 대비가 큰 무늬가 무슨 목적을 수행할까? 색의 역할이 항상 명확한 것은 아니다. 줄무늬를 지님으로써 얼룩말이 얻을 수 있는 것이 무엇인지에 대한 이 질문은 과학자들을 1세기가 넘도록 곤혹스럽게 했다. 이 신비를 풀기 위해, 야생 생물학자 Tim Caro는 탄자니아에서 얼룩말을 연구하면서 10년 이상을 보냈다. 그는 답을 찾기 전에 이론을 하나씩 하나씩 배제해 나갔다. 줄무늬는 얼룩말들을 시원하게 유지시켜 주지도 않았고, 포식자들을 혼란스럽게 하지도 않았다. 2013년에 그는 얼룩말의 가죽으로 덮인 파리 덫을 설치했고, 이에 대비하여 영양의 가죽으로 덮인 다른 덫들도 준비했다. 그는 파리가 줄무늬 위에 앉는 것을 피하는 것처럼 보인다는 것을 알게 되었다. 더 많은 연구 후에, 그는 줄무늬가 질병을 옮기는 곤충으로부터 얼룩말을 말 그대로 구할 수 있다는 결론을 내렸다.

① 얼룩말의 줄무늬: 파리에 대한 자연의 방어
② 가장 화려한 피부를 가진 포유동물은?
③ 얼룩말의 포식자는 어떤 동물일까?
④ 패턴: 숨기기 위한 것이 아니라 과시하기 위한 것이다

- ☐ mammal 포유동물
- ☐ zebra 얼룩말
- ☐ strikingly 현저하게, 두드러지게
- ☐ purpose 목적
- ☐ contrast 대조
- ☐ obvious 명백한
- ☐ gain 얻다, 획득하다
- ☐ stripe 줄무늬
- ☐ puzzle 곤혹스럽게 하다, 이해할 수 없게 만들다
- ☐ wildlife biologist 야생 생물학자
- ☐ decade 10년
- ☐ rule out 배제하다
- ☐ confuse 혼란스럽게 하다
- ☐ predator 포식자
- ☐ fly trap 파리 덫
- ☐ comparison 비교
- ☐ antelope 영양(羚羊)
- ☐ avoid 피하다
- ☐ land on 착륙하다, 올라서다
- ☐ conclude 결론짓다
- ☐ literally 글자 그대로
- ☐ disease-carrying 질병을 옮기는
- ☐ insect 곤충

정답 ①

04 다음 글의 제목으로 가장 적절한 것은?

Near an honesty box, in which people placed coffee fund contributions, researchers at Newcastle University in the UK alternately displayed images of eyes and of flowers. Each image was displayed for a week at a time. During all the weeks in which eyes were displayed, bigger contributions were made than during the weeks when flowers were displayed. Over the ten weeks of the study, contributions during the 'eyes weeks' were almost three times higher than those made during the 'flowers weeks.' It was suggested that 'the evolved psychology of cooperation is highly sensitive to subtle cues of being watched,' and that the findings may have implications for how to provide effective nudges toward socially beneficial outcomes.

① Flowers Work Better than Eyes
② Contributions Can Increase Self-Respect
③ The More Watched, The Less Cooperative
④ Eyes: Secret Helper to Make Society Better

[*Answer & Explanation*]
04 다음 글의 제목으로 가장 적절한 것은?

Near an honesty box, in which people placed coffee fund contributions, researchers at Newcastle University in the UK alternately displayed images of eyes and of flowers. Each image was displayed for a week at a time. During all the weeks in which eyes were displayed, bigger contributions were made than during the weeks when flowers were displayed. Over the ten weeks of the study, contributions during the 'eyes weeks' were almost three times higher than those made during the 'flowers weeks.' It was **suggested** that 'the evolved psychology of cooperation is highly sensitive to subtle cues of being watched,' and that the findings may have implications for how to provide effective nudges toward socially beneficial outcomes.

- **Topic**: 커피 값 기부 양심상자
- **Supporting Details**:
  양심상자 근처 번갈아 눈 이미지 vs. 꽃 이미지 전시

  ▶ 눈 이미지 > 꽃 이미지
  : 더 많은 기부금
  실험기간: 10주

  ▶ 눈 이미지 > 꽃 이미지
  : 3배 많은 기부금

- **Main Idea Signal**: suggest

- **Main Idea**: 누군가 지켜보는 것이 더 많은 기부를 유도하여, 사회적으로 이익이 되는 행동을 이끌어 낼 수 있다

사람들이 커피 값을 기부하는 양심 상자 가까이에, 영국 Newcastle University의 연구자들은 사람의 눈 이미지와 꽃 이미지를 번갈아 가며 놓아두었다. 각각의 이미지는 한 번에 일주일씩 놓여 있었다. 꽃 이미지가 놓여 있던 주들보다 눈 이미지가 놓여 있던 모든 주에 사람들이 더 많은 기부를 했다. 연구가 이루어진 10주 동안, '눈 주간'의 기부금이 '꽃 주간'의 기부금 보다 거의 세 배나 많았다. 이 실험은 '진전된 협력 심리가 누군가 지켜보고 있다는 미묘한 신호에 아주 민감하다.'는 것과 이 연구 결과가 사회적으로 이익이 되는 성과를 내게끔 어떻게 효과적으로 넌지시 권할 것인가를 암시한다고 말했다.

① 꽃은 눈보다 효과가 좋다
② 기여는 자존감을 높일 수 있다
③ 감시가 심할수록 협동심은 줄어든다
④ 눈: 사회를 더 좋게 만드는 비밀 도우미

정답 ④

☐ **fund** 기금, 자금, 돈
☐ **contribution**
  기부금, 성금; 기여, 공헌; 원인 제공
☐ **alternately** 번갈아 가며, 교대로
☐ **suggest** 제안하다; 시사하다, 암시하다
☐ **evolve** 진화하다(진화시키다); 발달하다(발달시키다)
☐ **psychology** 심리학; 심리
☐ **cooperation** 협력, 협조
☐ **sensitive** 민감한
☐ **subtle** 미묘한
☐ **implication** 암시
☐ **nudge** 넌지시 권하기
☐ **beneficial** 유익한, 이로운
☐ **outcome** 결과

05 다음 글의 제목으로 가장 적절한 것은?

> Many endangered animals in zoos were sent to the wild. But as many of these animals died, zoos are making efforts to provide natural homes for the animals. They encourage the animals to mate and to raise young. Scientists at the National Zoo in N.Y. taught golden lions survival skills, such as how to search for foods, and to be cautious of danger. They also freed them into forests since 1984. Although 35 died, others not only survived but also produced 23 baby lions.

① The Role of Zoos as Keepers of Endangered Animals
② The Survival Skills of the Animals in the Wild
③ Sending Wild Animals Back into Forests
④ How to Raise Baby Lions in the Zoos

[*Answer & Explanation*]
05 다음 글의 제목으로 가장 적절한 것은?

> Many endangered animals in zoos were sent to the wild. **But as many of these animals died, zoos are making efforts to provide natural homes for the animals.** They encourage the animals to mate and to raise young. Scientists at the National Zoo in N.Y. taught golden lions survival skills, such as how to search for foods, and to be cautious of danger. They also freed them into forests since 1984. Although 35 died, others not only survived but also produced 23 baby lions.

- **Main Idea Signal**: But
- **Topic**: 동물원
- **Main Idea**: 동물원이 동물들을 위한 자연 서식지를 제공하기 위해 노력하고 있다.
- **Supporting Details**:
  → 뉴욕국립동물원

동물원에 있는 많은 멸종위기에 처한 동물들이 야생으로 보내졌다. 그러나 이 중 많은 동물들이 죽었기 때문에, 동물원들에서는 그들에게 자연 서식지를 제공하기 위해 노력하고 있다. 그들은 동물들이 짝짓기를 하고 새끼들을 키울 수 있도록 돕는다. 뉴욕 국립 동물원의 과학자들은 황금 사자들에게 먹이를 구하는 방법과 위험에 대비하는 법과 같은 생존 기술들을 가르쳤다. 그들은 또한 1984년 이래로 그들을 숲에 풀어주었다. 35마리가 죽었지만 다른 것들은 살아남았을 뿐만 아니라 23마리의 새끼 사자를 낳았다.

① 멸종위기 동물들의 사육자로서의 동물원의 역할
② 야생 동물들의 생존 기술들
③ 야생 동물들을 숲으로 돌려보내기
④ 동물원에서 아기 사자를 키우는 방법

☐ encourage 용기를 돋우다, 격려하다
☐ endangered (동식물이) 멸종 위기에 처한
☐ cautious 조심스러운, 신중한
☐ mate 결혼하다, 교미하다

정답 ①

06 다음 글의 요지로 가장 적절한 것은?

Criminals were once considered sinners who chose to offend against the laws of God and man. They were severely punished for their crimes. Modern criminologists regard society itself as in large part responsible for the crimes committed against it. Poverty, poor living conditions, and inadequate education are all causes of crime. Crime is fundamentally the result of society failure to provide a decent life for all the people. It is especially common in times when values are changing, as after a war, or in countries where people with different backgrounds and values are thrown together, as in the United States. Crimes, generally speaking, are fewer in countries where there is a settled way of life and a traditional respect for law.

① Crime is common when values are changing.
② Crime is the result of poverty.
③ Society is largely responsible for crime.
④ Traditional respect for law prevents crime.

[*Answer & Explanation*]

06 다음 글의 요지로 가장 적절한 것은?

> Criminals were once considered sinners who chose to offend against the laws of God and man. They were severely punished for their crimes. **Modern criminologists regard society itself as in large part responsible for the crimes committed against it.** Poverty, poor living conditions, and inadequate education are all causes of crime. Crime is fundamentally the result of society failure to provide a decent life for all the people. It is especially common in times when values are changing, as after a war, or in countries where people with different backgrounds and values are thrown together, as in the United States. Crimes, generally speaking, are fewer in countries where there is a settled way of life and a traditional respect for law.

- **Main Idea Signal**: 현재시간표현(Modern)
- **Topic**: 범죄
- **Main Idea**: 사회가 범죄의 원인이다
- **Supporting Details**:
  → 사회가 만들어낸 범죄의 원인들
  → 사회 혼돈의 시기에 범죄 발생
  → 안정된 사회에선 범죄가 덜 발생

옛날에는 범죄자들이 신과 인간의 법을 어기기로 작정한 죄인들로 여겨졌다. 그들은 저지른 죄에 대해 엄한 벌을 받았다. 그러나 오늘날의 범죄학자들은 사회 자체가 사회에 대해 저질러진 범죄에 대해 상당 부분 책임이 있다고 여긴다. 가난, 형편없는 생활환경, 불충분한 교육 모두가 범죄의 원인이라는 것이다. 범죄는 근본적으로 사람들에게 적절한 삶을 제공해 주지 못한 사회적 실패의 결과이다. 범죄는 전쟁 직후처럼 가치관이 변할 때나, 미국의 경우처럼 다른 배경과 가치관을 가진 사람들이 우연히 만나 섞이게 된 나라에서 특히 흔하다. 일반적으로 말해, 범죄는 안정된 생활방식을 가지고 있고 법을 전통적으로 존중하는 나라에서는 보다 적게 발생한다.

① 범죄는 가치관이 변화할 때 흔하게 발생한다.
② 범죄는 가난의 결과이다.
③ 사회는 범죄에 큰 책임이 있다.
④ 법에 대한 전통적인 존중은 범죄를 예방한다.

정답 ③

- ☐ **criminal** 범임, 범죄자
- ☐ **sinner** (종교, 도덕상의) 죄인
- ☐ **offend** 법률을 위반하다, 모욕하다
- ☐ **criminologist** 범죄학자
- ☐ **poverty** 가난
- ☐ **inadequate** 불충분한, 부적당한
- ☐ **fundamentally** 근본적으로, 기본적으로
- ☐ **decent** (수준, 질이) 괜찮은, 품위 있는, (상황이) 적절한
- ☐ **throw together** (사람들을) 우연히 만나게 하다
- ☐ **settled** 고정된, 확고한, (생활 등이) 안정된

07 다음 중 음식 설문조사의 결과로 옳지 않은 것은?

Americans say they are very concerned about nutrition. However, a food survey conducted recently shows that although fifty-eight percent of those surveyed believe fat in food is a serious health problem, only thirty-five percent say they are doing all they can to eat a balanced diet. A great majority admit they eat between meals. The top-selling snack food in America is potato chips. The No. 1 snack from vending machines is the Snickers candy bar.

① About sixty percent of the people worry about fat in food for their health.
② Most of the people surveyed enjoy snacks between meals.
③ Less than forty percent of the people strive to have a balanced meal.
④ More than fifty percent of the people are on a diet.

정수현 영어 독해 이론 [Text Structure and Pattern]

[*Answer & Explanation*]
07 다음 중 음식 설문조사의 결과로 옳지 않은 것은?

> Americans say they are very concerned about nutrition. However, a food survey conducted recently shows that although fifty-eight percent of those surveyed believe fat in food is a serious health problem, only thirty-five percent say they are doing all they can to eat a balanced diet. A great majority admit they eat between meals. The top-selling snack food in America is potato chips. The No. 1 snack from vending machines is the Snickers candy bar.

- **Main Idea Signal**: However, recently, shows
- **Supporting Details**: 음식에 관한 설문조사 결과
  ▶ 58% 지방을 문제로 인식
  ▶ 35% 균형 잡힌 식사
- **Topic**: 미국인들의 식생활
- **Main Idea**: 미국인들의 식생활은 엉망이다

미국인들은 자신들이 영양에 대해 염려한다고 말한다. 그러나 최근 실시된 음식에 관한 설문조사에 따르면 응답자 중 58%가 음식 속의 지방이 심각한 건강문제를 야기한다고 믿으면서도, 단 35%만이 균형 잡힌 식생활을 위해 모든 노력을 다하고 있다고 말하는 것으로 나타났다. 대다수의 응답자가 간식을 먹는 것으로 나타났다. 미국에서 가장 잘 팔리는 스낵은 포테이토칩이다. 자판기에서 가장 잘 팔리는 스낵은 스니커즈 캔디바이다.

☐ be concerned about ~에 대해 우려하다, ~에 대해 관심을 갖다
☐ nutrition 영양
☐ balanced diet 균형 잡힌 식사
☐ snack food 간식용 음식
☐ vending machine 자동판매기

① 약 60 퍼센트의 사람들이 그들의 건강을 위해 음식의 지방에 대해 걱정한다.
② 설문에 응한 대부분의 사람들은 간식을 즐긴다.
③ 40퍼센트 미만의 사람들이 균형 잡힌 식사를 하려고 노력한다.
④ 50% 이상의 사람들이 다이어트를 하고 있다.

정답 ④

08 다음 글의 주제로 가장 알맞은 것은?

To the ordinary person, fashion is in the eyes of the beholder. What is fashionable for one person may be out-of-date for another. All one has to do is attend a public function to observe the variety of dress being worn and the diversity of fashion tastes. A young woman was seen recently sitting in the orchestra section of the Metropolitan Opera House in New York City wearing a pair of denim overalls. In her opinion, she was in fashion.

① Young people use fashion to against convention.
② Fashion changes because people are trying to imitate the rich and famous.
③ What's fashionable depends a lot on individual taste.
④ American fashion is influenced by young people, who nowadays have the money to buy expensive clothes.

정수현 영어 독해 이론 [Text Structure and Pattern]

[*Answer & Explanation*]
08 다음 글의 주제로 가장 알맞은 것은?

> To the ordinary person, **fashion is in the eyes of the beholder.** What is fashionable for one person may be out-of-date for another. All one has to do is attend a public function to observe the variety of dress being worn and the diversity of fashion tastes. A young woman was seen recently sitting in the orchestra section of the Metropolitan Opera House in New York City wearing a pair of denim overalls. In her opinion, she was in fashion.

- **Main Idea Signal**: 속담
- **Topic**: Fashion
- **Main Idea**: Fashion은 개인의 취향에 달려 있다.
- **Supporting Details**:
  예) 오케스트라장의 한 젊은 여인

평범한 사람에게 패션은 보는 사람의 눈에 달려있다. 한 사람에게 유행인 것이 다른 사람에게는 구식인 것이 될 수 있다. 사람들이 할 것이라고는 입고 다니는 다양한 옷과 변화무쌍한 유행 감각을 관찰하기 위해 공적행사에 참여하는 것이다. 젊은 여성이 데님 소재의 멜빵바지를 입고 뉴욕 메트로폴리탄 오페라 하우스 오케스트라의 한 구역에 앉아 있는 모습이 최근에 목격 되었다. 그녀의 시각으로는 그녀가 유행을 따르는 사람인 것이다.

① 젊은이들은 유행을 이용하여 인습을 거스른다.
② 사람들이 부유하고 유명한 사람들을 모방하려고 하기 때문에 패션이 변화한다.
③ 유행하는 것은 개인의 취향에 따라 많이 다르다.
④ 미국 패션은 요즘 비싼 옷을 살 돈이 있는 젊은이들에게 영향을 받는다.

정답 ③

- ordinary 평범한, 보통의
- beholder 보는 사람, 구경꾼
- in the eyes of the beholder
  보는 사람의 생각에 달려 있다
- out-of-date 구식의
- observe (법률, 풍습) 지키다, 관찰하다
- attend 참석하다, 수행하다
- overalls 멜빵바지
- convention 관습, 전통
- imitate 모방하다
- depend on ~에 달려있다

09 다음 글의 요지로 알맞은 것은?

It seems hard to imagine a world without plastics. So many of the items we use everyday are made of plastic. The first plastic was synthesized in 1909. A synthetic material is any that is manufactured from chemicals in factories, as opposed to naturally occurring materials, like cotton or wood. Plastics are made primarily from petroleum products and have many advantages over natural products. For one thing, they may be less expensive to produce. More important, however, is that they are light and malleable. Parts for automobiles, aircraft, and many appliances can be easily crafted by plastics. Special kinds of plastics are used for different jobs. Nylon, an elastic synthetic resin, is a type of plastic that can be used to make clothing.

① the usefulness of nylon
② the use of petroleum products
③ the ecological dangers associated with plastics
④ the advantages of plastic

정수현 영어 독해 이론 [Text Structure and Pattern]

[Answer & Explanation]

09 다음 글의 요지로 알맞은 것은?

It seems **hard** to imagine a world **without** plastics. So many of the items we use everyday are made of plastic. The first plastic was synthesized in 1909. A synthetic material is any that is manufactured from chemicals in factories, as opposed to naturally occurring materials, like cotton or wood. **Plastics** are made primarily from petroleum products and **have many advantages over natural products**. For one thing, they may be less expensive to produce. More important, however, is that they are light and malleable. Parts for automobiles, aircraft, and many appliances can be easily crafted by plastics. Special kinds of plastics are used for different jobs. Nylon, an elastic synthetic resin, is a type of plastic that can be used to make clothing.

- **Topic**: 플라스틱
- **Supporting Details**:
  ▶ 최초의 플라스틱
  ▶ 합성재료 vs. 자연재료
- **Main Idea**: 플라스틱은 많은 장점들을 가지고 있다.
- **Main Idea Signal**: 명사복수형
- **Supporting Details**:
  ▶ 장점 1) 싼 가격
       2) 가볍고 유연함
  ▶ 플라스틱의 예: 나일론

플라스틱이 없는 세상은 상상하기 힘들 것 같다. 우리가 매일 사용하는 많은 제품들은 플라스틱으로 만들어졌다. 최초의 플라스틱은 1909년에 합성되었다. 합성 재료는 공장에서 화학물질로 제조되는 것을 말하며 면이나 목재와 같은 자연물질과 반대된다. 플라스틱은 주로 석유제품들로 만들어지며 천연제품에 비해 많은 장점들을 가지고 있다. 첫 번째로, 플라스틱은 생산비용이 덜 든다. 그러나 더 중요한 것은 그것들이 가볍고 유연하다는 것이다. 자동차, 항공기, 많은 기구들을 위한 부품들이 플라스틱으로 손쉽게 만들어질 수 있다. 특별한 종류의 플라스틱들이 다른 용도로 사용된다. 신축성 있는 합성수지인 나일론은 옷을 만드는데 사용되어 질 수 있는 플라스틱의 한 종류이다.

- ☐ synthesize 종합하다, 합성하다
- ☐ synthetic material 합성물질
- ☐ petroleum product 석유제품
- ☐ malleable 유연한
- ☐ craft 정교하게 만들다, 공들여 만들다
- ☐ elastic 탄력 있는, 신축성 있는
- ☐ synthetic resin 합성수지

① 나일론의 유용성
② 석유 제품들의 사용
③ 플라스틱과 관련된 생태학적 위험들
④ 플라스틱의 장점들

정답 ④

10 다음 글의 주제로 가장 적절한 것은?

> Robert Schuman's works for the piano are acknowledged as brilliant masterworks. However, his large scale orchestral works have always suffered by comparison to those of contemporaries such as Mendelssohn and Brahms. Perhaps this is because Schuman's works should be measured with a different yardstick. His works are often considered poorly orchestrated, but they actually have an unusual aesthetic. He treats the orchestra as he does the piano: one grand instrument with a uniform sound. This is so different from the approach of most composers that, to many, it has seemed like a failing rather than a conscious artistic choice.

① The greatness of Schuman's piano works
② The difference between piano works and orchestral music
③ The reassessment of Schuman's musical works
④ The influence of Schuman's performances

[*Answer & Explanation*]
10 다음 글의 주제로 가장 적절한 것은?

> Robert Schuman's works for the piano are acknowledged as brilliant masterworks. However, his large scale orchestral works have always suffered by comparison to those of contemporaries such as Mendelssohn and Brahms. Perhaps this is because Schuman's works should be measured with a different yardstick. His works are often considered poorly orchestrated, but they actually have an unusual aesthetic. He treats the orchestra as he does the piano: one grand instrument with a uniform sound. This is so different from the approach of most composers that, to many, it has seemed like a failing rather than a conscious artistic choice.

- **Topic**: 쉬망의 오케스트라 작품
- **Supporting Details**: 쉬망의 오케스트라 작품에 대한 잘못된 평가
- **Main Idea Signal**: should
- **Main Idea**: 쉬망의 오케스트라 작품에 대한 재평가가 필요하다.
- **Supporting Details**: 쉬망의 오케스트라 작품의 특징: 통일된 음

로베르 쉬망(Robert Schuman)의 피아노 작품들은 뛰어난 대작들로 인정받는다. 그러나 그의 대규모 오케스트라 작품들은 멘델스존(Mendelssohn)과 브람스(Brahms)와 같은 동시대인들의 오케스트라 작품들과의 비교들 때문에 항상 시달려왔다. 바로 이러한 이유 때문에 쉬망의 작품들은 다른 잣대로 평가되어야 한다. 그의 작품들은 종종 오케스트라용으로 제대로 편집되지 않았다고 여겨진다. 그러나 실제로 그의 작품들은 특이한 미적 특징을 가지고 있다. 그는 오케스트라를 피아노처럼 다룬다. 즉, 하나의 통일된 소리를 갖는 하나의 거대한 악기처럼 다룬다. 이것이 대부분의 작곡가들과는 너무 다른 접근이기 때문에 많은 사람들에게 의식적인 예술적 선택이라기보다는 실패처럼 느껴진 것이다.

① 슈만의 피아노 작품의 위대함
② 피아노 작품과 관현악의 차이
③ 슈만의 음악 작품에 대한 재평가
④ 슈만의 공연이 미친 영향

- □ work 작품
- □ acknowledge 인정하다, 감사하다
- □ masterwork 대작
- □ contemporary 동시대인; 동시대의, 현대인; 현대의
- □ yardstick 기준, 척도
- □ unusual 특이한
- □ aesthetic 미적 특징
- □ instrument 도구, 악기
- □ uniform 통일된
- □ conscious 의식적인

정답 ③

11 다음 글의 제목으로 가장 적절한 것은?

　A couple of years ago, I became interested in what we call hardship inoculation. This is the idea that struggling with a mental puzzle — trying to remember a phone number or deciding what to do on a long Sunday afternoon — inoculates you against future mental hardships just as vaccinations inoculate you against illness. There is good evidence to support the idea that small doses of mental hardship are good for us. Young adults do much better on tricky mental puzzles when they've solved difficult rather than easy ones earlier. Adolescent athletes also thrive on challenges: we've found, for example, that college basketball teams do better when their preseason schedules are more demanding. These mild initial struggles are critical. Depriving our kids of them by making everything easier is dangerous — we just don't know how dangerous.

① Have Vaccinations Always Proven to Be Effective?
② Physical Activities as the Driving Force for Mental Health
③ Give Young Adults a Chance to Escape Academic Pressure!
④ A Shot of Mental Hardship Vaccine to Ease Later Struggles

정수현 영어 독해 이론 [Text Structure and Pattern]

[**Answer & Explanation**]

11 다음 글의 제목으로 가장 적절한 것은?

A couple of years ago, I became interested in what we call hardship inoculation. This is the idea that struggling with a mental puzzle — trying to remember a phone number or deciding what to do on a long Sunday afternoon — inoculates you against future mental hardships just as vaccinations inoculate you against illness. There is good evidence to support the idea that small doses of mental hardship are good for us. Young adults do much better on tricky mental puzzles when they've solved difficult rather than easy ones earlier. Adolescent athletes also thrive on challenges: we've found, for example, that college basketball teams do better when their preseason schedules are more demanding. These mild initial struggles are critical. Depriving our kids of them by making everything easier is dangerous — we just don't know how dangerous.

- **Supporting Details**:
질병대비 예방접종 ≒ 정신적 고난 예방접종

- **Topic**: 적은 양의 정신적인 고난

- **Main Idea Signal**: evidence

- **Main Idea**: 적은 양의 정신적인 고난이 우리에게 유익하다

- **Supporting Details**:
  1) 젊은 청년들
  2) 청소년기 운동선수들
  3) 대학 농구 팀

- **Main Idea Signal**: critical

2년 전쯤에 나는 소위 'hardship inoculation(고난 예방 접종)'이라는 것에 관심을 갖게 되었다. 이것은 백신 접종이 질병에 대비해 여러분에게 예방 주사를 놔주는 것처럼 전화번호를 외우려고 노력하거나 긴 일요일 오후에 무엇을 해야 할지를 정하는 것과 같은 정신적인 퍼즐로 고심하는 것이 미래의 정신적인 고난들에 대비하여 여러분에게 예방 주사를 놔준다는 개념이다. 적은 양의 정신적인 고난이 우리에게 유익하다는 개념을 뒷받침하는 꽤 많은 증거가 존재한다. 젊은 성인들은 예전에 쉬운 것보다는 어려운 것들을 풀어본 적 있을 때 까다로운 정신적인 퍼즐들을 훨씬 더 잘 푼다. 청소년기의 운동선수들 또한 어려운 일들을 잘 해내는데, 예를 들어 우리는 대학 농구팀들이 자신들의 프리시즌 일정이 더 힘들 때 더 잘 해낸다는 것을 알게 되었다. 이러한 가벼운 초기의 힘든 일들이 중요하다. 모든 것을 더 쉽게 만들어줌으로써 우리의 아이들에게서 그것들을 빼앗는 것은 위험한데, 우리는 얼마나 위험한지를 모를 뿐이다.

① 백신 접종이 항상 효과적인 것으로 입증되었는가?
② 정신건강의 원동력으로서의 신체활동들
③ 청소년들에게 학업의 압박에서 벗어날 수 있는 기회를 주라!
④ 나중의 고통을 덜어주는 정신적 고난 백신 주사

정답 ④

- ☐ be interested in ~에 관심이 있다
- ☐ hardship 역경, 고난
- ☐ inoculation 예방접종; (사상 등의) 주입
- ☐ struggle with ~로 고심하다
- ☐ decide 결정하다
- ☐ vaccination 예방접종
- ☐ support 지지하다, 뒷받침하다
- ☐ tricky 힘든; 기만적인
- ☐ adolescent 청소년
- ☐ athlete 운동선수
- ☐ thrive on ~을 잘 해내다
- ☐ demanding 힘든, 부담이 큰
- ☐ initial 초기의
- ☐ critical 중요한; 비판적인; 위태로운
- ☐ deprive A of B
  A에게서 B를 박탈하다, 앗아가다

CHAPTER 02 중심주제(Main Idea) 찾기 | 51

12 다음 글의 요지로 가장 적절한 것을 고르시오.

> There is widespread fear among policy makers and the public today that the family is disintegrating. Much of that anxiety stems from a basic misunderstanding of the nature of the family in the past and a lack of appreciation for its resiliency in response to broad social and economic changes. The general view of the family is that it has been a stable and relatively unchanging institution through history and is only now undergoing changes; in fact, change has always been characteristic of it.

① The structure of the family is disintegrating.
② The traditional family system cannot adapt to broad social changes.
③ Contrary to the general view, change has always characterized the family.
④ The family has been a stable unit but is undergoing changes nowadays.

[***Answer & Explanation***]

12 다음 글의 요지로 가장 적절한 것을 고르시오.

There is widespread fear among policy makers and the public today that the **family** is disintegrating. Much of that anxiety stems from a basic misunderstanding of the nature of the family in the past and a lack of appreciation for its resiliency in response to broad social and economic changes. The general view of the family is that it has been a stable and relatively unchanging institution through history and is only now undergoing changes; **in fact, change has always been characteristic of it.**

- **Supporting Details**:
  오해/두려움: 가족이 해체되고 있다

  ▶ 오해의 원인들:
    1) 가족의 본성을 오해
    2) 사회 경제적 변화에 따른 가족의 복원력에 대한 이해 부족

- **Topic**: 가족
- **Main Idea**: 가족은 항상 변해왔다.
- **Main Idea Signal**: in fact

오늘날 정책 입안자들과 대중들 사이에 가족이 해체되고 있다는 두려움이 널리 퍼져있다. 그 두려움 중 많은 부분들은 과거 가족의 본성에 대한 기본적인 오해와 넓은 사회적, 경제적 변화들에 대응하는 가족의 복원력에 대한 이해가 부족한데서 기인한다. 가족에 대한 보편적인 관점은 가족이 안정적이며 역사적으로 볼 때 상대적으로 변치 않는 제도이며 현재는 단지 변화들을 겪고 있다는 것이다. 즉, 정확히 말해 변화는 항상 가족이라는 제도의 특징이었다.

① 가족의 구조가 붕괴되고 있다.
② 전통적인 가족 제도는 광범위한 사회 변화에 적응할 수 없다.
③ 일반적인 견해와는 달리, 변화는 항상 가족을 특징짓는다.
④ 가족은 안정적인 단위였지만 요즘은 변화를 겪고 있다.

정답 ③

- ☐ widespread 광범위한, 널리 퍼진
- ☐ policy maker 정책 입안자
- ☐ disintegrate 해체되다, 분해되다
- ☐ stem from ~에서 기인하다, 생겨나다
- ☐ appreciation 감상, 공감, 감사
- ☐ resiliency 탄성, 회복력, 복원력
- ☐ in response to ~에 응하여, 대응하여
- ☐ stable 안정된, 안정적인
- ☐ institution 기관, 단체, 제도, 관습
- ☐ undergo 겪다

13 다음 글의 요지로 가장 적절한 것은?

　　Through discoveries and inventions, science has extended life, conquered disease and offered new material freedom. It has pushed aside gods and demons and revealed a cosmos more intricate and awesome than anything produced by pure imagination. But there are new troubles in the peculiar paradise that science has created. It seems that science is losing the popular support to meet the future challenges of pollution, security, energy, education, and food. The public has come to fear the potential consequences of unfettered science and technology in such areas as genetic engineering, global warming, nuclear power, and the proliferation of nuclear arms.

① Science is very helpful in modern society.
② Science and technology are developing quickly.
③ The absolute belief in science is weakening.
④ Scientific research is getting more funds from private sectors.

[*Answer & Explanation*]
13 다음 글의 요지로 가장 적절한 것은?

> Through discoveries and inventions, **science** has extended life, conquered disease and offered new material freedom. It has pushed aside gods and demons and revealed a cosmos more intricate and awesome than anything produced by pure imagination. **But there are new troubles** in the peculiar paradise that science has created. It seems that science is **losing the popular support** to meet the future challenges of pollution, security, energy, education, and food. The public has come to fear the potential consequences of unfettered science and technology in such areas as genetic engineering, global warming, nuclear power, and the proliferation of nuclear arms.

- **Topic**: 과학
- **Supporting Details**:
  ▶ 과학의 (+) 역할들 5개
     생명연장, 질병극복, 물질풍요, 신과 악마 열외, 우주 밝힘
  ▶ 과학의 (-) 문제점들
     → 대중의 지지를 잃고 있다.
- **Main Idea Signal**: But
- **Main Idea**: 과학에 대한 절대적 믿음이 약해지고 있다.
- **Supporting Details**:
  ▶ 공해, 안전성, 에너지 교육에 대한 미래의 문제들
  ▶ 유전공학, 지구 온난화, 원자력, 핵무기 확산
     → 통제되지 않는 과학과 기술의 결과들

발견과 발명을 통해 과학은 생명을 연장하고, 질병을 정복하고, 그리고 새로운 물질적 자유를 제공해 왔다. 과학은 신과 악마를 밀어 치우고 순전한 상상에 의해 만들어 낼 수 있는 그 어떤 것보다 더 정교하고 경이로운 우주를 밝혀냈다. 그러나 과학이 창조해온 독특한 낙원에 새로운 문제점들이 있다. 오염, 보안, 에너지, 교육, 음식에 대한 미래의 도전들에 잘 대처하기 위한 대중적 지지를 과학은 상실하고 있다. 대중들은 유전 공학, 지구 온난화, 원자력, 핵무기 확산과 같은 규제되지 않는 과학과 기술의 잠재적 결과들을 두려워하게 되었다.

① 과학은 현대 사회에서 매우 도움이 된다.
② 과학과 기술은 빠르게 발전하고 있다.
③ 과학에 대한 절대적인 믿음이 약해지고 있다.
④ 과학 연구는 민간 부문으로부터 더 많은 자금을 얻고 있다.

정답 ③

- □ extend 연장하다, 더 크게 만들다
- □ push aside 밀어치우다, 옆으로 밀치다
- □ cosmos 우주
- □ intricate 복잡한, 정교한
- □ awesome 경이로운
- □ peculiar 기이한, 독특한
- □ paradise 천국, 낙원
- □ pollution 오염
- □ security 안전
- □ unfettered 제한받지 않는, 규제가 없는
- □ genetic engineering 유전공학
- □ nuclear power 원자력
- □ nuclear arms 핵무기
- □ proliferation 급증, 확산
- □ meet the challenge
  난국(시련)에 잘 대처하다, 처리하다

14 글의 주제로 가장 적절한 것은?

Speaking two languages has obvious practical benefits in an increasingly globalized world. But in recent years, scientists have begun to show that the advantages of bilingualism are even more fundamental than being able to converse with a wider range of people. Being bilingual, it turns out, makes you smarter. It can have a profound effect on your brain, improving cognitive skills not related to language and even shielding against dementia in old age.

① 이중 언어 구사력이 근본적으로 두뇌에 미치는 영향
② 노인질환 예방 수단으로써의 이중 언어 교육의 효과
③ 효과적인 대화기술을 위한 언어 교육의 필요성
④ 이중 언어 화자가 겪는 의사소통 상의 어려움

[*Answer & Explanation*]

14 글의 주제로 가장 적절한 것은?

> **Speaking two languages** has obvious practical benefits in an increasingly globalized world. **But** in recent years, scientists have begun to show that the advantages of bilingualism are even more fundamental than being able to converse with a wider range of people. Being bilingual, **it turns out**, makes you smarter. It can have a profound effect on your brain, improving cognitive skills not related to language and even shielding against dementia in old age.

- **Supporting Details**: 이중 언어 구사의 장점
  - 다양한 사람들과의 소통
- **Topic**: 이중 언어 구사
- **Main Idea**: 이중 언어 구사력이 근본적으로 두뇌에 미치는 긍정적 영향
  1) 언어와 관계없는 인지능력 향상
  2) 치매 예방
- **Main Idea Signal**: But, it turns out

두 개의 언어를 구사한다는 것은 점점 더 세계화되는 세상에서 확실히 실용적인 이점들을 가지고 있다. 그러나 최근에 과학자들은 이중 언어 구사가 다양한 사람들과 이야기 나눌 수 있는 것 이상의 좀 더 근본적인 장점들을 가지고 있다는 것을 보여주기 시작했다. 이중 언어를 구사하는 것이 당신을 더 똑똑하게 만들어 준다는 것이 밝혀졌다. 이중 언어 구사는 언어와 관련이 없는 인지 능력을 향상시켜주고 심지어 노년기에 치매를 예방해 주는 것과 같이 뇌에 지대한 영향을 미칠 수 있다.

정답 ①

- ☐ obvious 분명한, 확실한
- ☐ practical 실용적인
- ☐ benefit 혜택, 이득
- ☐ advantage 장점
- ☐ bilingualism 이중 언어구사
- ☐ fundamental 근본적인
- ☐ converse 대화하다; 정반대, 역; 정반대의, 거꾸로의
- ☐ turn out ~인 것으로 드러나다, 밝혀지다
- ☐ profound 엄청난, 심오한
- ☐ improve 향상시키다, 개선되다
- ☐ cognitive 인지의, 인식의
- ☐ shield 방패; 보호하다
- ☐ dementia 치매

15 저자의 어조로 가장 적절한 것은?

When someone feels better after using a product or procedure, it is natural to credit whatever was done. However, this is unwise. Most ailments are self-limiting, and even incurable conditions can have sufficient day-to-day variation to enable quack methods to gain large followings. Taking action often produces temporary relief of symptoms (a placebo effect). In addition, many products and services exert physical or psychological effects that users misinterpret as evidence that their problem is being cured. Scientific experimentation is almost always necessary to establish whether health methods are really effective.

① ironic
② skeptical
③ excited
④ humorous

[*Answer & Explanation*]

15 저자의 어조로 가장 적절한 것은?

> When someone feels better after using a product or procedure, it is natural to credit whatever was done. **However**, this is unwise. Most ailments are self-limiting, and even incurable conditions can have sufficient day-to-day variation to enable quack methods to gain large followings. Taking action often produces temporary relief of symptoms (a placebo effect). In addition, many products and services exert physical or psychological effects that users misinterpret as evidence that their problem is being cured. **Scientific experimentation is almost always necessary to establish whether health methods are really effective.**

- **Supporting Details**: 확증되지 않은 건강 개선 방법들
  1) 저절로 차도
  2) 가짜 치료법 - 불치병조차 매일 매일 변화를 보일 수 있다.
  3) 플라시보 효과
  4) 많은 제품과 치료법 - 신체적/심리적 효과 발휘

- **Topic**: 건강을 개선시키기 위한 방법들
- **Main Idea**: 건강을 개선시키기 위한 방법들이 정말로 효과가 있는지 확인하기 위해서는 과학적 실험이 필수적이다.
- **Main Idea Signal**: necessary

어떤 사람이 하나의 제품이나 시술을 이용한 후에 호전되었다고 느낄 때, 무엇이 행해졌든 그것을 신뢰하는 것은 자연스러운 일이다. 그러나 그것은 현명하지 않다. 대부분의 병은 저절로 차도를 보이며, 불치병조차도 가짜 치료법들이 많은 추종자를 얻기에 충분할 만큼 매일 매일의 변화를 보일 수 있다. 또한 병을 치료하기 위해 어떤 행동을 하면 종종 일시적으로 증상이 호전된다(플라시보 효과). 뿐만 아니라, 많은 제품과 치료법들은 사용자가 자신의 병이 치료되고 있다는 증거로 오인할 수 있는 신체적인 또는 심리적인 효과를 발휘한다. 건강을 개선시키기 위한 방법들이 정말로 효과가 있는지를 확인하기 위해서는 과학적 실험이 거의 항상 필수적이다.

① 반어적인
② 회의적인
③ 흥분한
④ 익살스러운

- procedure 순서, 절차, 방법
- ailment 병
- incurable 낫지 않는, 불치의
- variation 변화, 변동
- quack 가짜 의사의, 사기의, 엉터리의
- gain large followings 많은 지지를 얻다
- temporary 일시적인, 순간의, 덧없는
- relief 경감, 완화, 안심
- symptom 징후, 조짐, 증세
- placebo effect 위약효과
- exert (힘, 지력 따위를) 발휘하다
- misinterpret 잘못 해석하다, 오해하다

정답 ②

16 다음 밑줄 친 부분에 들어갈 가장 적절한 표현은?

 The birth of a work of art is an intensely private experience. Many artists can work only when they concentrate on their own endeavor completely alone and many refuse to show their unfinished pieces to anyone. Yet, it must, as a final step, be shared by the public, in order for the birth to be successful. Artists do not create merely for their own satisfaction, but want their works recognized and appreciated by others. _____, the hope for approval is what makes them want to create in the first place, and the creative process is not completed until the work has found an audience. In the end, works of art exist in order to be liked rather than to be debated.

① However
② In fact
③ For example
④ Rarely
⑤ Unfortunately

[*Answer & Explanation*]

16 다음 밑줄 친 부분에 들어갈 가장 적절한 표현은?

> The birth of a work of art is an intensely private experience. Many artists can work only when they concentrate on their own endeavor completely alone and many refuse to show their unfinished pieces to anyone. Yet, it must, as a final step, be shared by the public, in order for the birth to be successful. Artists do not create merely for their own satisfaction, but want their works recognized and appreciated by others. In fact, the hope for approval is what makes them want to create in the first place, and the creative process is not completed until the work has found an audience. In the end, works of art exist in order to be liked rather than to be debated.

- **Topic**: 예술품

- **Main Idea Signal**: Yet, must
- **Main Idea**: 예술품이 성공적이기 위해서는 대중과 공유되어야 한다.
- **Supporting Details**: 창작동기
  ① 자기 스스로의 만족
  ② 타인의 인정

예술 작품의 탄생은 몹시 개인적인 경험이다. 많은 예술가들은 완전히 혼자 그들 자신의 노력에 집중할 수 있을 때에만 작업을 할 수 있으며 많은 예술가들은 그들의 완성되지 않은 작품들을 다른 누구에게 보여주는 것을 거부한다. 그러나 그 (예술작품의) 탄생이 성공적이 되기 위해서는 마지막 단계로서 대중과 공유되어야 한다. 예술가들은 그들 스스로의 만족을 위해서 창조 할 뿐만 아니라 그들의 작품들이 다른 사람들에 의해서 인정받기를 원한다. <u>좀 더 정확히 말해서</u> 인정에 대한 희망이 처음에 그들로 하여금 창조를 원하게 만드는 것이다. 그리고 창조과정은 그 작품이 관객을 찾아야 비로소 끝난다. 결국 예술 작품은 논란이 되기 위해서가 아니라 사랑받기 위해 존재한다.

① 그러나
② 사실은(좀 더 정확히 말해서)
③ 예를 들면
④ 드물게
⑤ 불행하게도

- intensely 몹시, 강렬하게
- concentrate 집중하다
- endeavor 노력
- satisfaction 만족
- recognize 인식하다, 인정하다
- appreciate
  진가를 알아보다; 인정하다; 감사하다
- approval 인정, 찬성
- in the first place 우선, 첫째로
- audience 청중, 관중
- in fact 좀 더 정확히 얘기하자면
- rarely 거의 ~ 않다

정답 ②

17 다음 글의 주제로 가장 적절한 것은?

We're supposed to live in a classless society. We don't recognize a titled nobility. We refuse to acknowledge dynastic privilege. Nevertheless, we certainly separate the valued from the valueless, and it has a lot to do with jobs and the importance or prestige we attach to them. It is no use arguing whether any of this is correct or proper. Rationally it is silly. That's our system, however, and we should not only keep it in mind but teach our children how it works. It is perfectly swell to want to grow up to be a cowboy or a nurse. Kids should know, however, that quite apart from earnings potential, the cattle breeder is much more respected than the hired hand. The doctor gets a lot more respect and privilege than the nurse.

① Our dream of an equal society will come true in the near future.
② Kids have to get more information on more awarding jobs.
③ We tend to judge people in terms of the work they do.
④ People whose jobs are on the low-end of pay should be respected.

[*Answer & Explanation*]
17 다음 글의 주제로 가장 적절한 것은?

> We're supposed to live in a classless society. We don't recognize a titled nobility. We refuse to acknowledge dynastic privilege. **Nevertheless, we certainly separate the valued from the valueless, and it has a lot to do with jobs and the importance or prestige we attach to them.** It is no use arguing whether any of this is correct or proper. Rationally it is silly. That's our system, however, and we should not only keep it in mind but teach our children how it works. It is perfectly swell to want to grow up to be a cowboy or a nurse. Kids should know, however, that quite apart from earnings potential, the cattle breeder is much more respected than the hired hand. The doctor gets a lot more respect and privilege than the nurse.

- **Topic**: 계급 사회
- **Main Idea**: 우리는 계급사회에 살며, 계급을 나누는 기준은 직업이다.
- **Main Idea Signal**: Nevertheless

- **Supporting Details**:
  1) 우리가 계급사회에 산다는 것을 기억하고
  2) 아이들에게 가르쳐야 한다.

  ▶ 직업에 따른 계급의 비교
   1) 목축업자 vs. 카우보이
   2) 의사 vs. 간호사

우리는 계급 없는 사회에서 사는 것으로 되어 있다. 우리는 작위가 붙은 귀족을 인정하지 않는다. 우리는 왕조의 특권을 인정하기를 거부한다. 그럼에도 불구하고 우리는 분명히 가치 있는 사람들과 가치 없는 사람들을 구분하며 그것은 직업과 우리가 직업에 부여하는 중요성이나 위신과 관계있다. 이것에 대한 그 어떤 것이라도 옳은지 혹은 적절한지를 논의해 봐야 소용없다. 그것은 우리의 체계이다. 우리는 그것을 기억해야할 뿐 아니라 그것이 어떻게 작용하는지를 우리의 아이들에게 가르쳐 주어야 한다. 자라서 카우보이나 간호사가 되기를 원하는 것은 완전히 아주 멋진 일이다. 그러나 수입 잠재성과는 꽤 별개로 목축업자가 고용된 일손보다 훨씬 더 많이 존경받는다는 것을 아이들은 알아야 한다. 의사는 간호사보다 더 많은 존경과 특권을 받는다.

① 평등한 사회를 향한 우리의 꿈은 가까운 미래에 이루어질 것이다.
② 아이들은 더 많은 보상을 주는 직업에 대한 더 많은 정보를 얻어야 한다.
③ 우리는 사람들을 그들이 하는 일의 관점에서 판단하는 경향이 있다.
④ 낮은 임금을 받는 직업을 가진 사람들은 존중받아야 한다.

정답 ③

- ☐ classless 계급 없는
- ☐ titled 작위가 있는(붙은)
- ☐ nobility 귀족
- ☐ recognize 인정하다, 인식하다
- ☐ acknowledge 인정하다, 감사하다
- ☐ dynastic 왕조의, 왕가의
- ☐ privilege 특권
- ☐ prestige 위신, 명망
- ☐ attach to ~에 붙이다, 부여하다
- ☐ swell 부풀다, 증대하다; 아주 멋진, 즐거운
- ☐ cattle breeder 목축업자

18 다음 글에서 필자가 주장하는 바로 가장 적절한 것은?

'Zero tolerance' is a phrase that first came to light as a description of the crackdown on trivial crime. The aim of zero tolerance is to prevent petty criminals graduating to serious crime by imposing immediate and harsh sentences for trivial offences such as under-age drinking, small-scale drug use and dealing, shoplifting or vandalism. I think 'Zero tolerance' is an innovative and effective weapon to fight against crime. It sends a clear, tough message that the state will condemn and punish rather than be soft and 'understanding'. This stance functions as an effective deterrent to potential offenders, especially potential young offenders, and also raises public confidence in the police and judiciary.

① 훈화를 통해 잘못을 개선시킴이 가장 중요하다.
② 범죄에 맞선 다양한 대처 방안이 필요하다.
③ 재활센터를 운영해 범법자가 사회에 적응할 수 있도록 도와야 한다.
④ 정부는 소소한 범죄 행위에도 강력하게 대처하여야 한다.

정수현 영어 독해 이론 [Text Structure and Pattern]

[*Answer & Explanation*]
18 다음 글에서 필자가 주장하는 바로 가장 적절한 것은?

'Zero tolerance' is a phrase that first came to light as a description of the crackdown on trivial crime. The aim of zero tolerance is to prevent petty criminals graduating to serious crime by imposing immediate and harsh sentences for trivial offences such as under-age drinking, small-scale drug use and dealing, shoplifting or vandalism. **I think 'Zero tolerance' is an innovative and effective weapon to fight against crime.** It sends a clear, tough message that the state will condemn and punish rather than be soft and 'understanding'. This stance functions as an effective deterrent to potential offenders, especially potential young offenders, and also raises public confidence in the police and judiciary.

- **Topic**: 무관용 법칙
- **Supporting Details**: 무관용 법칙의 목표

- **Main Idea Signal**: I think
- **Main Idea**: 무관용 법칙은 범죄 예방에 혁신적이고 효율적인 무기이다.
- **Supporting Details**: 무관용 법칙의 효과

'무관용 법칙'은 처음에 경범죄에 대한 엄중한 단속을 설명하는 것으로 처음에 알려진 문구이다. 무관용 법칙의 목표는 미성년 음주, 소규모의 마약 사용과 거래, 절도 혹은 공공기물파손과 같은 경범죄들에 대해서 즉각적이고 혹독한 형량을 부과함으로써 잡범들이 점차 중죄를 저지르는 것으로 변화해나가는 것을 막는 것이다. '무관용 법칙'은 범죄와의 전쟁에서 혁신적이고 효율적인 무기라고 나는 생각한다. 그것은 국가가 부드럽고 '이해심 있게 되는' 것이 아니라 형을 선고하고 처벌할 것이라는 분명하고 엄중한 메시지를 보낸다. 이러한 입장은 잠재적인 범죄자들, 특히 잠재적인 어린 범법자들에게 효과적인 방지책으로 작용한다. 그리고 또한 경찰과 사법부에 대한 국민의 자신감을 고양시킨다.

정답 ④

- ☐ tolerance 관용, 용인
- ☐ zero tolerance 무관용 법칙
- ☐ come to light 밝혀지다, 알려지다
- ☐ trivial 사소한
- ☐ crack down on ~을 엄단하다, 단속하다
- ☐ graduate 졸업하다; 점차로 변화하다
- ☐ shoplifting 절도
- ☐ vandalism 공공기물파손
- ☐ condemn 비난하다, 형을 선고하다
- ☐ stance 입장, 자세
- ☐ deterrent 방지책, 억제책
- ☐ judiciary 사법부

19 다음 글의 요지로 가장 적절한 것을 고르시오.

The effects of climate change will not be equally distributed across the globe, and there are likely to be winners and losers as the planet warms. Regarding climate effects in general, developing countries are likely to experience more negative effects of global warming. Not only do many developing countries have naturally warmer climates than those in the developed world, they also rely more heavily on climate sensitive sectors such as agriculture, forestry, and tourism. As temperatures rise further, regions such as Africa will face declining crop yields and will struggle to produce sufficient food for domestic consumption, while their major exports will likely fall in volume. This effect will be made worse for these regions if developed countries are able to make up for the fall in agricultural output with new sources, potentially from their own domestic economies as their land becomes more suitable for growing crops.

① 지구온난화가 개발도상국에 더 부정적 영향을 끼칠 수 있다.
② 환경오염의 심화로 사회 계층 간 갈등이 악화되고 있다.
③ 지구온난화 극복을 위해 환경 친화적 기술 도입이 시급하다.
④ 지구온난화가 농지 활용도를 높여 생산량을 증가시킬 수 있다.

정수현 영어 독해 이론 [Text Structure and Pattern]

[***Answer & Explanation***]
19 다음 글의 요지로 가장 적절한 것을 고르시오.

The effects of climate change will not be equally distributed across the globe, and there are likely to be winners and losers as the planet warms. Regarding climate effects in general, developing countries are likely to experience more negative effects of global warming. Not only do many developing countries have naturally warmer climates than those in the developed world, they also rely more heavily on climate sensitive sectors such as agriculture, forestry, and tourism. As temperatures rise further, regions such as Africa will face declining crop yields and will struggle to produce sufficient food for domestic consumption, while their major exports will likely fall in volume. This effect will be made worse for these regions if developed countries are able to make up for the fall in agricultural output with new sources, potentially from their own domestic economies as their land becomes more suitable for growing crops.

- **Topic**: 기후 변화의 영향

- **Main Idea Signal**:
  명사복수형(negative effects)
- **Main Idea**: 기후의 영향에 관해서는 개발도 상국이 지구 온난화의 부정적 영향을 더 많이 겪을 것 같다.

- **Supporting Details**: 개발도상국의
  1) 기후 - 더 온난
  2) 기후에 민감한 농업, 임업, 관광업에 더 의존
  3) 아프리카
     - 곡물 생산량 감소
     - 국내소비를 위한 식량생산 부족
     - 수출 감소
  4) 선진국의 농업생산 감소 극복
     → 개발도상국의 어려움 증가

기후 변화의 영향은 지구 전체에 균등하게 분포되지 않을 것이며, 지구가 따뜻해짐에 따라 승자와 패자가 있을 가능성이 있다. 일반적으로 기후의 영향에 관해서는 개발도상국이 지구 온난화의 부정적 영향을 더 많이 겪을 것 같다. 많은 개발도상국이 선진국보다 자연적으로 더 따뜻한 기후를 가지고 있을 뿐 아니라, 또한 농업, 임업, 관광업과 같은 기후에 민감한 부문에 더 많이 의존한다. 기온이 더 높이 상승함에 따라 아프리카와 같은 지역은 주요 수출이 대량으로 감소할 가능성이 높은 한편, 농작물 수확량의 감소에 직면하여 국내 소비를 위한 충분한 식량 생산이 힘들어질 것이다. 만약 선진국이 그들의 토지가 농작물 경작에 더 적합해짐에 따라 잠재적으로 자국의 국내 경제로부터의 새로운 원천으로 농업 생산량의 감소를 메울 수 있다면, 이러한 영향은 이 지역(개발도상국)에게 더욱 부정적으로 작용할 것이다.

정답 ①

- ☐ sufficient 충분한
- ☐ export 수출
- ☐ make up for ~을 보상하다
- ☐ potentially 잠재적으로
- ☐ suitable 적합한, 적절한
- ☐ domestic consumption 국내소비
- ☐ in volume 대량으로
- ☐ agricultural output 농업 생산량
- ☐ domestic 국내의
- ☐ crop (농)작물; 수확량
- ☐ climate change 기후변화
- ☐ equally 똑같이, 동일하게
- ☐ distribute 나누어주다; 유통시키다; 퍼뜨리다
- ☐ planet 행성
- ☐ regarding ~에 관하여
- ☐ global warming 지구 온난화
- ☐ rely on 의존하다
- ☐ sector 부문
- ☐ agriculture 농업
- ☐ forestry 임업
- ☐ tourism 관광업
- ☐ temperature 기온, 온도
- ☐ decline 감소하다; 거절하다
- ☐ crop yield 곡물 수확량
- ☐ struggle to ~로 고심하다; ~을 해결하려고 애쓰다

20 다음 글의 요지로 가장 적절한 것은?

　　In the early days of my first web hosting company, I was often criticized for not sticking with plans. If I saw a better opportunity, I would often divert all energy to the new opportunity and let the other one go. It's like being on a busy sidewalk and seeing a dollar bill a few yards away; you start to walk toward it with the intent to pick it up, and then you see a ten-dollar bill that is even closer. How could you not change the course and pick up the ten-dollar bill instead? Let someone else get the one-dollar bill, or if it is still there, get it after you pick up the ten-dollar bill. It was not long before those on my team began to realize the method to my madness.

① 상황 변화에 대처하는 유연성을 가져라.
② 새로운 기회를 다른 사람에게 양보하는 미덕을 가져라.
③ 단기적인 계획보다 장기적인 계획을 세워라.
④ 자신의 계획들에 집착하기보다는 타인의 조언을 경청하라.

[*Answer & Explanation*]

20 다음 글의 요지로 가장 적절한 것은?

> In the early days of my first web hosting company, I was often criticized for not sticking with plans. **If I saw a better opportunity, I would often divert all energy to the new opportunity and let the other one go.** It's like being on a busy sidewalk and seeing a dollar bill a few yards away; you start to walk toward it with the intent to pick it up, and then you see a ten-dollar bill that is even closer. How could you not change the course and pick up the ten-dollar bill instead? Let someone else get the one-dollar bill, or if it is still there, get it after you pick up the ten-dollar bill. It was not long before those on my team began to realize the method to my madness.

- **Topic**: 호스팅 회사 초기 시절 이야기
- **Main Idea**: 상황 변화에 대처하는 유연성을 가져라
- **Main Idea Signal**: I would (원인/결과)

- **Supporting Details**:
보도에 1달러 목격 → 집으러 다가감

가는 길 10달러 목격 → 1달러 아닌 10달러 집으러 다가감

내가 처음 웹 호스팅 회사에 다니던 초기 시절에, 나는 계획들을 따르지 않는다는 것 때문에 자주 비판받았다. 만약 내가 더 나은 기회를 봤다면, 나는 모든 에너지를 새로운 기회 쪽으로 우회하고 다른 기회를 보내 버렸다. 그것은 마치 혼잡한 인도에서 몇 야드 떨어진 곳에 1 달러를 보는 것과 같다. 그것을 집어 들려는 의도를 가지고 그것을 향해 걷기 시작했는데, 심지어 더 가까운 곳에 10달러 지폐를 본 것이다. 어떻게 진로를 변경하여 대신 10달러 지폐를 줍지 않을 수 있겠는가? 다른 누군가가 1 달러를 갖게 하거나, 혹은 그것이 여전히 거기에 있다면 10달러를 줍고 나서 가질 수 있다. 내 팀원들이 나의 미친 행동들에 이유가 있다는 것을 얼마 지나지 않아 깨닫게 되었다.

정답 ①

- ☐ criticize 비판하다
- ☐ stick with 고수하다, 따르다
- ☐ divert 우회하다
- ☐ let go 보내다
- ☐ sidewalk 인도
- ☐ intent 의도
- ☐ madness 미친 행동, 어리석은 행동

CHAPTER 03 세부사항(Supporting Details)

Supporting Details 처리의 3원칙

① Detail Signals를 확인하라!!

② 반드시 Supporting Details의 모든 문장을 Topic과 Main Idea에 연결시켜 이해하라!!

③ 지문 밖으로 묶고 Key Word를 쓰는 연습을 하자!!

Detail Signals

1) for example, for instance
2) to illustrate
3) Imagine, suppose, say
4) 구체적인 설명 (사람/장소/사물/숫자, etc)

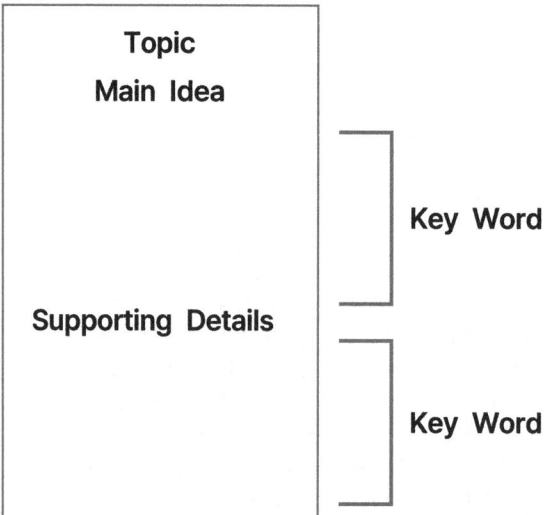

No답 Reading의 특징은

1) **첫 문장에서 Topic을 찾지 않고 막 내려간다**는 것이다. 우선 빨리 지문을 해석해야 한다는 급한 마음 때문에 문장 전체의 내용에 대한 이해보다는 문장차원의 마구잡이 끊어 읽기만으로 지문을 내려가다 보면, 대체 글이 설명하고자 하는 내용을 혹은 주장하는 내용을 알 수 없는 경우가 많다.

2) **Topic은 찾았으나 Topic에 대한 Main Idea를 묻지 않는다**. 첫 문장의 강조표현을 근거로 Topic을 찾고 나서 또 마구잡이로 글을 읽어 내려가다 보면 글의 중심생각과 뒷받침 생각들을 구분 할 수 없다. 제목이나 주제, 혹은 요지를 통해 글의 대의적인 파악을 물어보는 문항비율은 전체 독해문제 중 20~30%에 달한다. 따라서 반드시 Main Idea 찾기의 3원칙에 따라 주제문을 찾는 것을 습관화해야 한다.

3) **Topic과 Main Idea는 찾았지만 Topic과 Main Idea를 Detail에 연관시켜 이해하지 못하고 Topic & Main Idea와 Detail이 따로 국밥이다**. 많은 학생들이 Topic과 Main Idea를 찾아야 한다는 개념을 가지고 있고, 또한 어느 정도의 전략을 가지고 그것들을 찾아간다. 그러나 지문의 내용을 정독하기 위한 구조적 Mapping의 마지막 단계인 Supporting Details처리 단계에서 좌절하게 된다. 대개 Topic은 한 단어이며, Main Idea도 한 문장이다. 반면 지문의 나머지 모든 문장들은 모두 Supporting Details에 해당하는 것이다. 따라서 그 내용을 제대로 파악하기 위해서는 두괄식인 경우 Topic과 Main Idea를 나머지 문장들 모두에 내용적으로 연관시켜서 이해해야 하며, 미괄식인 경우 Topic에 연관하여 Supporting Details의 내용을 이해하고 Main Idea를 찾아가야 한다.

01 다음 글의 내용과 일치하는 것은?

　In the near future, many Arctic animals, such as polar bears and seals, will feel the serious effects of global warming. Seals, for example, use snow caves to raise their young. Rising temperatures will cause these caves to collapse. Without protection, the baby seals will die in the bitter cold. With fewer seals, polar bears will starve. Also, every plant species will not escape from a global warming crisis, if temperatures continue their rapid rise. In the Arctic, global warming is expected to reduce the world's tundra by 30 percent over the next 100 years. These changes will be deadly for the plant species that live there. Consequently, the ecosystem will be destroyed, and life on Earth will never be the same.

① Seals are the staple food for polar bears.
② Snow caves protect young seals from global warming crisis.
③ 30% of plants will disappear from the tundra in 100 years.
④ Baby seals die from overheating caused by rising temperatures.

정수현 영어 독해 이론 [Text Structure and Pattern]

[*Answer & Explanation*]

01 다음 글의 내용과 일치하는 것은?

In the near future, many Arctic animals, such as polar bears and seals, will feel the serious effects of global warming. Seals, for example, use snow caves to raise their young. Rising temperatures will cause these caves to collapse. Without protection, the baby seals will die in the bitter cold. With fewer seals, polar bears will starve. Also, every plant species will not escape from a global warming crisis, if temperatures continue their rapid rise. In the Arctic, global warming is expected to reduce the world's tundra by 30 percent over the next 100 years. These changes will be deadly for the plant species that live there. Consequently, the ecosystem will be destroyed, and life on Earth will never be the same.

- **Topic**: 지구 온난화
- **Main Idea**: 북극곰과 바다표범과 같은 많은 북극 동물들은 지구 온난화의 심각한 영향을 느낄 것이다.

- **Supporting Details**:
  ▶ 물개들 - 새끼를 기르는 동굴 붕괴
  　　　　　 새끼 물개들 추위로 사망
  ▶ 북극곰 - 물개감소로 기아
  ▶ 모든 식물 종들 - 급속한 온도상승영향

  향후 100년 툰드라 30% 감소

  생태계파괴

가까운 미래에 북극곰이나 물개와 같은 많은 북극 동물들이 지구 온난화의 심각한 여파들을 느끼게 될 것이다. 예를 들어 물개는 그것들의 새끼를 키우기 위해 눈 동굴을 사용한다. 증가하는 기온 때문에 이 동굴들이 무너질 것이다. 보호 없이 아기 물개들은 혹독한 추위에 죽게 될 것이다. 물개가 더 적어지면 북극곰은 굶어 죽게 될 것이다. 또한 모든 식물 종들은 만일 온도가 계속해서 급상승하게 되면 지구 온난화의 위기를 모면하지 못하게 될 것이다. 북극에서 지구 온난화는 향후 100년에 걸쳐 세계의 툰드라 지역을 30%만큼 감소시킬 것으로 예상된다. 이러한 변화들은 거기에 살고 있는 식물 종들에게 치명적인 것이 될 것이다. 결과적으로 생태계는 파괴될 것이고, 지구의 생명들은 결코 똑같지 않을 것이다.

① 바다표범은 북극곰의 주식이다.
② 눈 동굴은 지구 온난화 위기로부터 어린 바다표범들을 보호한다.
③ 100년 안에 툰드라에서 식물의 30%가 사라질 것이다.
④ 아기 물개는 온도 상승으로 인한 과열로 인해 사망한다.

☐ Arctic 북극
☐ polar bear 북극곰
☐ seal 물개
☐ snow cave 눈 동굴
☐ collapse 무너지다
☐ starve 굶주리다, 굶어 죽다
☐ deadly 치명적인
☐ ecosystem 생태계
☐ staple food 주요한 식량

정답 ①

02 다음 글의 내용과 일치하지 않는 것은?

> Religion plays an extremely important role in American cultural life. Predominantly Christian, the country possesses two main religious forces: Protestantism and Roman Catholicism. In America today, two-thirds of all church-going people belong to one of three faiths – Baptist, Methodist, and Roman Catholic – which claimed memberships in 1976 of 26 million, 13 million, and 49million persons, respectively. Besides these three faiths, there are many others, both Christian and non-Christian, including a large and influential Jewish community and several other faiths without a European historical base, such as Buddhism, Islam, and Mormonism.

① Two-thirds of Americans are Methodists.
② As of 1976 there were twice as many Baptists as Methodists in America.
③ Mormonism is a faith of a non-European origin.
④ Jews exercise their influence over American society.

정수현 영어 독해 이론 [Text Structure and Pattern]

[Answer & Explanation]

02 다음 글의 내용과 일치하지 않는 것은?

> Religion plays an extremely important role in American cultural life. Predominantly Christian, the country possesses two main religious forces: Protestantism and Roman Catholicism. In America today, two-thirds of all church-going people belong to one of three faiths - Baptist, Methodist, and Roman Catholic - which claimed memberships in 1976 of 26 million, 13 million, and 49million persons, respectively. Besides these three faiths, there are many others, both Christian and non-Christian, including a large and influential Jewish community and several other faiths without a European historical base, such as Buddhism, Islam, and Mormonism.

- **Topic**: 미국의 종교
- **Main Idea**: 미국의 종교 구성과 영향
- **Supporting Details**:
  ▶ 2개의 주요종교세력: 개신교+천주교

  ▶ 미국 교인 2/3
  1) 침례교도 - 2천 6백만
  2) 감리교도 - 1천 3백만
  3) 로마 가톨릭 교도 - 4천 9백만

  그 외
  유대교, 불교, 이슬람교, 모르몬교

종교는 미국 문화생활에서 매우 중요한 역할을 한다. 대부분이 기독교인인 이 나라에서 두 개의 주요한 종교 세력이 있다: 개신교와 천주교이다. 오늘날 미국에서 교회에 다니는 모든 사람들 중 3분의 2가 세 가지 종교, 즉 침례교도, 감리교도, 로마 가톨릭교도 중 하나에 속한다. 각 종교는 1976년에 2천 6백만, 천 3백만, 4천 9백만 명의 신도들이 있다고 주장했다. 이 세 개의 신앙 외에도 크고 영향력 있는 유대교계와 불교, 이슬람교, 그리고 모르몬교와 같이 유럽의 역사적 기반이 없는 몇몇 다른 신앙들을 포함하여 기독교와 비기독교 모두 많은 다른 신앙들이 있다.

① 미국인의 3분의 2가 감리교 신자다.
② 1976년 현재 미국에는 침례교 신자가 감리교 신자보다 두 배나 많다.
③ 모르몬교는 비유럽 기원의 신앙이다.
④ 유대인들은 미국 사회에 영향력을 행사한다.

☐ **predominantly** 대개, 대부분
☐ **protestantism** 개신교
☐ **Roman Catholicism** 천주교
☐ **Baptist** 침례교도
☐ **Methodist** 감리교 신자
☐ **Roman Catholic** 로마 가톨릭 신자
☐ **respectively** 각각

정답 ①

03 다음 글의 내용과 일치하지 않는 것을 고르시오.

Traditional Korean houses can be structured into an inner wing (anchae) and an outer wing (sarangchae). The individual layout largely depends on the region and the wealth of the family. Whereas aristocrats used the outer wing for receptions, poor people kept cattle in the sarangchae. The wealthier a family, the larger the house. However, it was forbidden to any family except for a king to have a residence of more than 99 kan. A kan is the distance between two pillars used in traditional houses. The inner wing consisted of a living room, a kitchen and a wooden-floored central hall. More rooms may be attached to this. Poor farmers would not have any outer wing. Floor heating (ondol) has been used in Korea for centuries. The main building materials are wood, clay, tile, stone and thatch. Because wood and clay were the most common materials used in the past, not many old buildings have survived into present times.

① There was a kitchen in the inner wing.
② Cattle could be kept in the outer wing.
③ Only a king could have a residence of 100 kan.
④ Poor people were not permitted to have the outer wing.

정수현 영어 독해 이론 [Text Structure and Pattern]

[*Answer & Explanation*]

03 다음 글의 내용과 일치하지 않는 것을 고르시오.

Traditional Korean houses can be structured into an inner wing (anchae) and an outer wing (sarangchae). The individual layout largely depends on the region and the wealth of the family. Whereas aristocrats used the outer wing for receptions, poor people kept cattle in the sarangchae. The wealthier a family, the larger the house. However, it was forbidden to any family except for a king to have a residence of more than 99 kan. A kan is the distance between two pillars used in traditional houses. The inner wing consisted of a living room, a kitchen and a wooden-floored central hall. More rooms may be attached to this. Poor farmers would not have any outer wing. Floor heating (ondol) has been used in Korea for centuries. The main building materials are wood, clay, tile, stone and thatch. Because wood and clay were the most common materials used in the past, not many old buildings have survived into present times.

- **Topic**: 한옥
- **Main Idea**: 한옥의 구성과 특징, 그리고 자재
- **Supporting Details**:
  안채 + 사랑채
  종교와 가문의 부 → 설계 달라
  양반 사랑채 - 접대
  가난한 서민 사랑채 - 소

  99칸 이상 한옥 - 왕만 허용

  안채 - 거실, 부엌, 대청

  온돌

  자재 - 나무, 진흙, 기와, 돌, 짚

전통적인 한국의 한옥은 안채와 사랑채로 구성되어 질 수 있다. 개별 배치는 주로 지역과 가문의 부에 달려있다. 양반들은 사랑채를 접대의 장소로 사용한 반면, 가난한 사람들은 사랑채에서 소를 길렀다. 가문이 부유할수록 집이 더 컸다. 그러나 왕의 경우를 제외하고 그 어떤 가문도 99칸 이상의 집을 가지는 것은 금지되었다. 한 칸이란 전통적인 가옥에서 사용되는 두 개의 기둥 사이의 거리이다. 안채는 거실, 부엌, 나무 바닥으로 된 대청으로 구성되었다. 여기에 더 많은 방들이 붙어있을 수 있다. 가난한 농부들은 사랑채를 가지지 못했을 것이다. 바닥 난방(온돌)은 수세기 동안 한국에서 사용되어져 왔다. 주 건축재는 목재, 진흙, 기와, 돌, 짚이다. 나무와 진흙이 과거에 사용된 가장 흔한 재료였기 때문에 그리 많지 않은 오래된 건물들이 현재까지 살아남았다.

---

① 안채에 부엌이 있었다.
② 소는 사랑채에 보관할 수 있었다.
③ 오직 왕만이 100칸의 거주지를 가질 수 있었다.
④ 가난한 사람들은 사랑채를 가질 수 없었다.

- ☐ structure 구조화하다, 조직하다; 구조
- ☐ layout 배치
- ☐ depend on ~에 의존하다; ~에 달려있다
- ☐ aristocrat 양반, 귀족
- ☐ reception 환영, 접견
- ☐ forbid 금하다, 금지하다
- ☐ pillar 기둥
- ☐ consist of ~로 구성되다
- ☐ attach 붙이다, 첨부하다
- ☐ thatch 짚, 지푸라기

정답 ④

04   다음 글의 내용과 일치하지 않는 것을 고르시오.

A hospice is a special program for the terminally ill. It may be housed in medical centers, but it can also exist on its own. Hospice care neither hastens nor postpones death. Simply put, its goal is to improve the quality of life for those who are dying. A trained staff, supportive volunteers, pleasant surroundings, and a sense of community all help patients cope with anxiety about death. Relatives and friends, even pets, are all allowed to visit a hospice resident at any time. Patients at a hospice make their own decisions about medical treatment and the use of drugs. If they wish, they can reject both. But they can also receive drugs for pain control if they choose. Within the hospice setting, life goes on for the dying.

① A hospice is a special program for those who are dying of a terminal illness.
② Patients at a hospice should take medication as prescribed by their doctors.
③ Hospice care does not lengthen the life span of a terminally ill patient.
④ Hospice patients are allowed to take painkillers if they want.

[Answer & Explanation]
04 다음 글의 내용과 일치하지 않는 것을 고르시오.

A hospice is a special program for the terminally ill. It may be housed in medical centers, but it can also exist on its own. Hospice care neither hastens nor postpones death. Simply put, its goal is to improve the quality of life for those who are dying. A trained staff, supportive volunteers, pleasant surroundings, and a sense of community all help patients cope with anxiety about death. Relatives and friends, even pets, are all allowed to visit a hospice resident at any time. Patients at a hospice make their own decisions about medical treatment and the use of drugs. If they wish, they can reject both. But they can also receive drugs for pain control if they choose. Within the hospice setting, life goes on for the dying.

- **Topic**: 호스피스
- **Supporting Details**: 정의와 위치
  ▶ 특징 - 죽어가는 사람들의 삶의 질 향상
  ▶ 직원, 자원봉사자, 쾌적한 환경, 공동체의식
     - 환자의 죽음에 대한 두려움 대처 조력

  친척, 친구, 애완동물 방문 가능

  ▶ 환자 - 치료와 약물 사용 선택 가능
     - 진통제 요구 가능
- **Main Idea**: 호스피스의 특징

호스피스는 말기 환자들을 위한 특별 프로그램이다. 그것은 의학센터 내에 자리할 수 있지만 또한 독립적으로 운영될 수 있다. 호스피스는 죽음을 재촉하지고, 미루지도 않는다. 간단히 말해서, 그것의 목적은 죽어가는 사람들을 위한 삶의 질을 향상시키는 것이다. 훈련된 직원, 지원하는 자원봉사자들, 쾌적한 환경, 그리고 공동체의식 모두 환자들이 죽음에 대한 두려움에 대처할 수 있도록 도와준다. 친척들, 친구들, 심지어 애완동물들도 언제든지 호스피스 거주자를 방문하도록 허용된다. 호스피스의 환자들은 의학적 치료나 약의 사용에 대해 스스로 결정을 내린다. 만일 그들이 원한다면 그들은 둘 다 거절할 수 있다. 그러나 그들이 선택한다면 진통제를 받을 수 있다. 호스피스 환경에서는 죽어가는 사람들을 위한 삶이 계속된다.

① 호스피스는 불치병으로 죽어가는 사람들을 위한 특별한 프로그램이다.
② 호스피스 환자는 의사의 처방에 따라 약을 복용해야 한다.
③ 호스피스 치료는 말기 환자의 수명을 연장하지 않는다.
④ 호스피스 환자들은 원한다면 진통제를 복용할 수 있다.

☐ hospice 말기환자용 병원
☐ terminally 종말에
☐ hasten 재촉하다
☐ postpone 미루다, 연기하다
☐ treatment 치료
☐ reject 거절하다
☐ go on 계속되다

정답 ②

05 다음 글의 내용과 일치하는 것은?

Charles Darwin was about as keen an observer of nature as ever walked the earth, but even he missed the pink iguana of the Galapagos. The rare land iguanas were first seen, in fact, only in 1986, when one was spotted by park rangers on Volcan Wolf on the island of Isabela. Since then, they have been found only on that volcano, which would explain why Darwin missed them, since he didn't explore it. An analysis by the researchers shows that there is significant genetic isolation between the pink iguana and a yellow iguana that also lives on Volcan Wolf. And besides the obvious difference in color, there are differences in morphology between the two reptiles, the researchers say. Their genetic analysis suggests that the pink iguana diverged from the other land iguana lineages about 5.7 million years ago. Since Volcan Wolf formed much more recently, the current distribution of the pink iguanas only on that volcano represents something of a riddle, the researchers report.

① Charles Darwin first found the pink iguana of the Galapagos.
② The pink iguana is similar to yellow iguanas in morphology.
③ The pink iguana originates in Volcan Wolf.
④ Both pink iguanas and yellow iguanas are found on Volcan Wolf.

[*Answer & Explanation*]
05 다음 글의 내용과 일치하는 것은?

Charles Darwin was about as keen an observer of nature as ever walked the earth, but even he missed the pink iguana of the Galapagos. The rare land iguanas were first seen, in fact, only in 1986, when one was spotted by park rangers on Volcan Wolf on the island of Isabela. Since then, they have been found only on that volcano, which would explain why Darwin missed them, since he didn't explore it. An analysis by the researchers shows that there is significant genetic isolation between the pink iguana and a yellow iguana that also lives on Volcan Wolf. And besides the obvious difference in color, there are differences in morphology between the two reptiles, the researchers say. Their genetic analysis suggests that the pink iguana diverged from the other land iguana lineages about 5.7 million years ago. Since Volcan Wolf formed much more recently, the current distribution of the pink iguanas only on that volcano represents something of a riddle, the researchers report.

- **Topic**: 핑크 이구아나

- **Supporting Details**:

1986년 이사벨라 섬 울프 화산 최초 목격

울프화산에서만 발견 → 다윈 목격 ×

울프화산 서식 - 핑크 이구아나 vs. 노랑 이구아나
: 색상 + 형태학적 차이

핑크 이구아나 - 5백 70만 년 전 다른 섬에서 기원

찰스 다윈은 지구상의 그 어떤 누구보다 예리한 관찰자였으나 그조차도 갈라파고스의 분홍 이구아나를 보지 못했다. 그 희귀한 육지 이구아나는 사실 1986년에만 이사벨라 섬 울프화산의 공원관리인에 의해 목격되었다. 그때 이후로, 그것들은 그 화산에서만 발견되었는데, 그것이 바로 왜 다윈이 이구아나들을 보지 못했는지를 설명해준다. 왜냐하면 그는 그곳을 탐험하지 않았기 때문이다. 연구가들에 의한 분석에 따르면 핑크이구아나와 울프화산에서 또한 먹고사는 노랑 이구아나 사이에 상당한 유전적 고립이 있다. 그리고 색상에서의 차이뿐 아니라 두 양서류들 사이에 형태학상의 차이들이 있다고 연구가들이 말한다. 그들의 유전적인 분석에 따르면 핑크 이구아나는 5백 70만 년 전에 다른 섬의 이구아나 계통에서 분기했다. 울프화산은 훨씬 최근에 형성되었기 때문에 그 화산에만 서식하는 핑크 이구아나의 현재 분포는 수수께끼와 같다고 연구가들은 말한다.

① 찰스 다윈은 갈라파고스의 분홍색 이구아나를 처음 발견했다.
② 분홍색 이구아나는 형태학적으로 노란 이구아나와 비슷하다.
③ 분홍색 이구아나는 볼칸 울프에서 유래되었다.
④ 분홍색 이구아나와 노란색 이구아나 모두 볼칸 울프에서 발견된다.

정답 ④

- ☐ keen ~을 열망하는; 열정적인, 열렬한; 날카로운, 예리한
- ☐ observer 관찰자
- ☐ spot 목격하다
- ☐ analysis 분석, 해석
- ☐ ranger 관리인
- ☐ significant 중요한, 상당한
- ☐ genetic 유전의
- ☐ isolation 고립, 격리
- ☐ obvious 명백한
- ☐ morphology 형태학, 형태
- ☐ reptile 파충류
- ☐ diverge 갈라져 나오다, 분기하다
- ☐ lineage 혈통
- ☐ riddle 수수께끼

06 동물들이 단조로움을 극복하기 위해 하는 행동이 아닌 것은?

Observations have revealed that there are probably four main ways in which animals in confined spaces try to overcome their monotony. The first is to invent new motor patterns for themselves such as new exercises and gymnastics. They may also try to increase the complexity of their environment by creating new stimulus situations many carnivores play with their food as though it were a living animal. Alternatively the animal may increase the quantity of its reaction to normal stimuli. Hypersexuality is one common response to this type of behavior. Finally, they may increase the variability of their response to stimuli such as food. Many animals can be seen playing, pawing, advancing, and retreating from their food before eating it. These observations of caged animals lead us to think how far studies of this sort can throw light on human behavior under similar conditions.

① Animals may increase the variety of their motor patterns.
② Animals may increase the quality of their reaction to stimuli.
③ Animals may increase the variability of their response to stimuli.
④ Animals may increase the complexity of their environment.

정수현 영어 독해 이론 [Text Structure and Pattern]

[**Answer & Explanation**]

06 동물들이 단조로움을 극복하기 위해 하는 행동이 아닌 것은?

Observations have revealed that there are probably four main ways in which animals in confined spaces try to overcome their monotony. The first is to invent new motor patterns for themselves such as new exercises and gymnastics. They may also try to increase the complexity of their environment by creating new stimulus situations many carnivores play with their food as though it were a living animal. Alternatively the animal may increase the quantity of its reaction to normal stimuli. Hypersexuality is one common response to this type of behavior. Finally, they may increase the variability of their response to stimuli such as food. Many animals can be seen playing, pawing, advancing, and retreating from their food before eating it. These observations of caged animals lead us to think how far studies of this sort can throw light on human behavior under similar conditions.

- **Topic**: 비좁은 공간에 갇힌 동물들

- **Main Idea**: 비좁은 공간에 갇힌 동물들이 단조로움을 극복하는 4가지 방법

- **Supporting Details**:
1) 새로운 운동패턴 창조

2) 환경의 복잡성 증가 노력

3) 정상적 자극에 대한 반응의 양 증가

4) 자극에 대한 다양성 증가

관찰들을 통해 비좁은 공간에 있는 동물들이 단조로움을 극복하기 위해서 노력하는 4가지의 주된 방식들이 있다는 것이 드러났다. 그 첫 번째는 새로운 운동과 체조처럼 스스로 새로운 운동패턴들을 창조하는 것이다. 그것들은 또한 많은 육식동물들이 그들의 음식이 마치 살아있는 것처럼 가지고 노는 새로운 자극 상황들을 만들어 냄으로써 그들 환경의 복잡성을 증가시키려고 노력한다. 선택적으로 동물은 정상적인 자극에 대한 그것의 반응의 양을 증가시킨다. 성욕과다증이 이러한 행동 유형의 한 가지 공통된 반응이다. 마지막으로, 그것들은 음식과 같은 자극에 대한 그들의 반응의 다양성을 증가시킨다. 많은 동물들이 음식을 먹기 전에 가지고 놀고, 발로 건드리며, 앞으로 전진 했다가 뒤로 후퇴하는 것을 볼 수 있다. 이러한 갇힌 동물들에 대한 관찰들을 통해 이러한 종류의 연구들이 유사한 환경에 놓인 인간의 행동에 대한 해결의 실마리를 얼마나 멀리까지 던져줄 수 있는지를 생각하게 해준다.

① 동물들은 그들의 운동 패턴의 다양성을 증가시킬 수 있다.
② 동물들은 자극에 대한 반응의 질을 높일 수 있다.
③ 동물들은 자극에 대한 반응의 가변성을 증가시킬 수 있다.
④ 동물들은 환경의 복잡성을 증가시킬 수 있다.

- ☐ confine 가두다
- ☐ overcome 극복하다
- ☐ monotony 단조로움
- ☐ motor pattern 운동패턴
- ☐ gymnastics 체조
- ☐ carnivore 육식동물
- ☐ alternatively 양자택일적으로, 선택적으로
- ☐ quantity 양
- ☐ hypersexuality 성욕과다중
- ☐ variability 가변성, 다양성
- ☐ paw 발로 건드리다; 발
- ☐ advance 전진하다
- ☐ retreat 후퇴하다
- ☐ caged 우리에 갇힌
- ☐ throw light on 해결의 실마리를 던져주다

정답 ②

CHAPTER 03 세부사항(Supporting Details) | 83

07 다음 글의 제목으로 가장 적절한 것을 고르시오.

Bruce Lipstadt had the left hemisphere of his brain removed when he was five and a half years old. Few doctors had hope for the development of his verbal ability, and most thought the operation would paralyze part of his body. Twenty-six years later, Bruce had an IQ of 126, swam, rode bikes, and got an A in a statistics course. Since his speech was normal, it was assumed that the right-side took over many of the functions formerly conducted mainly by the left side. Obviously, this does not always happen as a result of operations of this type, especially after puberty. It does suggest that although the right and left hemispheres seem to specialize in processing certain information, they are not limited to one type.

① Anatomy of the brain
② Two hemispheres of the brain
③ Localization of the brain
④ Adaptability of the brain
⑤ Specialization of the brain

[*Answer & Explanation*]

07 다음 글의 제목으로 가장 적절한 것을 고르시오.

> Bruce Lipstadt had the left hemisphere of his brain removed when he was five and a half years old. Few doctors had hope for the development of his verbal ability, and most thought the operation would paralyze part of his body. **Twenty-six years later**, Bruce had an IQ of 126, swam, rode bikes, and got an A in a statistics course. Since his speech was normal, <u>it was assumed that</u> the right-side took over many of the functions formerly conducted mainly by the left side. Obviously, this does not always happen as a result of operations of this type, especially after puberty. <u>It does suggest that</u> although the right and left hemispheres seem to specialize in processing certain information, they are not limited to one type.

- **Supporting Details**:
  ▶ Bruce 사건(좌반구 제거)
      - 결과 예상들

  현재 - 정상

  정상 원인

- **Topic**: 뇌
- **Main Idea**: 뇌의 적응 능력

Bruce Lipstadt는 다섯 살 반 일 때 그의 왼쪽 뇌가 제거됐다. 그의 언어능력 발달에 대해 희망을 가진 의사는 거의 없었다. 그리고 대부분의 의사들은 수술로 인해 그의 몸 일부가 마비 될 것이라고 생각했다. 26년 후에, Bruce는 126의 IQ를 가졌고, 수영도 하고, 자전거도 타고, 통계학에서 A도 받았다. 그의 언어가 정상적이었기 때문에 그의 오른쪽 뇌가 이전에 주로 왼쪽 뇌에 의해서 이루어졌던 많은 기능들을 수행하는 것이라고 추정되었다. 분명한 것은 이런 사실이 특히나 사춘기 이후에 이런 수술의 결과로 항상 발생하는 것은 아니다. 그것이 시사 하는 바는 우반구와 좌반구가 특정 정보를 처리하는 데 특화되어 있기는 하지만 한쪽 유형에 제한된 것은 아니라는 것이다.

① 뇌의 해부학
② 뇌의 두 반구
③ 뇌의 국소화
④ 뇌의 적응성
⑤ 뇌의 전문화

정답 ④

- □ hemisphere (뇌의, 지구의) 반구
- □ remove 제거하다
- □ development 발전, 발달, 전개
- □ verbal 언어의
- □ operation 수술
- □ paralyze 마비시키다
- □ statistics 통계
- □ normal 정상적인
- □ assume (사실로) 추정하다, (책임을) 떠맡다, (특성을) 띠다, ~인 척하다
- □ take over 인수하다, 떠맡다
- □ function 기능
- □ conduct 행하다, 처신하다
- □ obviously 분명히
- □ puberty 사춘기
- □ anatomy 해부학
- □ localization 지방 분권화

08 다음 글의 제목으로 가장 적절한 것을 고르시오.

The digital world offers us many advantages, but if we yield to that world too completely we may lose the privacy we need to develop a self. Activities that require time and careful attention, like serious reading, are at risk; we read less and skim more as the Internet occupies more of our lives. And there's a link between self-hood and reading slowly, rather than scanning for quick information, as the Web encourages us to do. Recent work in sociology and psychology suggests that reading books, a private experience, is an important aspect of coming to know who we are.

① In Praise of Slow Reading
② In Praise of Artificial Memory
③ In Praise of Digital World
④ In Praise of Private Life

정수현 영어 독해 이론 [Text Structure and Pattern]

[Answer & Explanation]

08   다음 글의 제목으로 가장 적절한 것을 고르시오.

The digital world offers us many advantages, **but** if we yield to that world too completely we may lose the privacy we need to develop a self. Activities that require time and careful attention, like serious reading, are at risk; we read less and skim more as the Internet occupies more of our lives. And there's a link between self-hood and reading slowly, rather than scanning for quick information, as the Web encourages us to do. Recent work in sociology and psychology suggests that **reading books, a private experience, is an important aspect of coming to know who we are.**

- **Supporting Details**:
  디지털세계 (-) 사생활 ×

  현재 우리의 상태: 읽기 ×, 훑어보기 ○

  자아와 천천히 읽기의 연관성

- **Topic**: 천천히 책 읽기
- **Main Idea**: 천천히 책읽기는 우리의 사생활을 지켜주고 자아를 깨닫게 한다.

디지털세계는 우리에게 많은 이점들을 제공하지만 만약 우리가 디지털세계에 너무 의존하게 되면 사생활을 잃어버리게 될 수도 있다. 숙독처럼 시간과 세심한 주의를 필요로 하는 행동들이 위험에 처해 있다. 인터넷이 더 많은 우리의 삶을 차지함에 따라 우리는 독서를 덜하고 대충 훑어보는 것을 더 한다. 그리고 인터넷이 우리로 하여금 하게 만드는 빠른 정보를 위한 훑어보기가 아니라 천천히 읽는 것과 자아 사이에 연결성이 있다. 사회학과 심리학에서 이루어진 최근의 연구에 따르면 개인적인 경험인 책 읽기가 우리가 누구인지를 알게 되는 중요한 측면이다.

① 천천히 읽기를 찬양하며
② 인공기억을 찬양하며
③ 디지털 세계를 찬양하며
④ 사생활을 찬양하며

- ☐ **advantage** 장점, 이점
- ☐ **yield to** ~을 따르다, 굴복하다, 양보하다, ~으로 대체되다
- ☐ **careful** 조심하는, 주의 깊은, 세심한
- ☐ **skim** 대충 훑어보다
- ☐ **selfhood** 자아, 개성
- ☐ **scan** 대충 훑어보다
- ☐ **aspect** 측면, 양상

정답 ①

09 What is the topic of this passage?

Much is made of the pain inflicted on animals in the name of medical science. The animal-rights activists contend that this is evidence of our malevolent and sadistic nature. A more reasonable argument, however, can be advanced in our defense. Life is often cruel, both to animals and human beings. Teenagers get thrown from the back of a pickup truck and suffer severe head injuries. Toddlers, barely able to walk, find themselves at the bottom of a swimming pool while a parent checks the mail. Physicians hoping to alleviate the pain and suffering these tragedies cause have but three choices: create an animal model of the injury or disease and use that model to understand the process and test new therapies; experiment on human beings; or finally, leave medical knowledge static, hoping that accidental discoveries will lead us to the advances. One of the terrifying effects of the effort to restrict the use of animals in medical research is that the impact will not be felt for years and decades; medicines that might have been discovered will not be, and fundamental biological processes that might have been understood will remain mysteries. There is the danger that politically expedient solutions will be found to placate a vocal minority, while the consequences of those decisions will not be apparent until long after the decisions are made.

① The importance of animal rights
② The use of animals in medical research
③ The danger of scientific research
④ The development of medical knowledge

[*Answer & Explanation*]

09 What is the topic of this passage?

> Much is made of the pain inflicted on **animals in the name of medical science**. The animal-rights activists contend that this is evidence of our malevolent and sadistic nature. **A more reasonable argument, however, can be advanced in our defense.** Life is often cruel, both to animals and human beings. Teenagers get thrown from the back of a pickup truck and suffer severe head injuries. Toddlers, barely able to walk, find themselves at the bottom of a swimming pool while a parent checks the mail. Physicians hoping to alleviate the pain and suffering these tragedies cause have but three choices: create an animal model of the injury or disease and use that model to understand the process and test new therapies; experiment on human beings; or finally, leave medical knowledge static, hoping that accidental discoveries will lead us to the advances. One of the terrifying effects of the effort to restrict the use of animals in medical research is that the impact will not be felt for years and decades; medicines that might have been discovered will not be, and fundamental biological processes that might have been understood will remain mysteries. **There is the danger that while politically expedient solutions will be found to placate a vocal minority, the consequences of those decisions will not be apparent until long after the decisions are made.**

- **Topic**: 의학연구에서의 동물 사용
- **Main Idea**: 의학연구에서의 동물 사용에 찬성 한다

인간들도 동물들과 같이 고통 받는 존재라는 예들

고통들에 대한 의사들의 해결책 옵션 3개

1) 동물을 사용해서 치료책 만들기
2) 인간에게 실험하기
3) 우연에 맡기기

동물실험을 제한할 때 생기는 끔찍한 결과들

의료과학이라는 이름으로 동물들에게 가해지고 있는 고통으로부터 많은 것들이 만들어 지고 있다. 동물 권리 옹호자들은 이것이 우리의 악의적이고 가학적인 본성에 대한 증거 라고 주장한다. 그러나 우리를 옹호하는데 있어 보다 더 합리적인 주장을 할 수도 있다. 이 세상은 동물이나 인간이나 모두에게 때때로 잔인하다. 십대들은 픽업트럭의 뒤에서 내던져져 머리에 심각한 부상을 당하기도 한다. 또한 겨우 걸을 수 있는 어린 아기들이 부모가 메일을 살펴보는 동안 수영장의 바닥에서 발견되기도 한다. 이러한 비극들이 가 져다주는 고통과 괴로움을 덜어주길 희망하는 의사들은 다음과 같은 세 가지 선택을 할 수 있다. 즉, 부상이나 병이 있는 동물 모델을 만들고, 그 모델을 이용하여 그러한 과정을 이해하고 새로운 치료법을 테스트하는 것이다. 그리고 인간에게 실험하는 것이 다. 끝으로 우연적인 발견을 통해 진보하길 바라면서 의학적 지식을 정지상태로 내버려 두는 것이 그것이다. 의료 연구에 동물의 사용을 제한하려는 노력이 가져오는 무시무시 한 결과 가운데 하나는 그 영향을 몇 년, 혹은 몇 십 년 동안은 느끼지 못하게 될 것이라 는 점이다. 발견 되어졌을지 모르는 의약품들은 존재하지 않을 것이고, 이해되어졌을 지도 모르는 중요한 생물학적 과정들이 의문으로 남겨질 것이다. 정치적으로는 편리한 해결책들이 잔소리를 해대는 소수를 달래게 되겠지만, 그러한 결정으로 인한 결과는 그 결정을 내린 후 아주 오랜 시간이 지날 때까지 분명하게 드러나지 않는 위험이 있다.

① 동물의 권리의 중요성
② 의학 연구에서 동물의 사용
③ 과학 연구의 위험성
④ 의학 지식의 발달

정답 ②

- inflict (구타, 상처 등을) 가하다(입히다), (벌을) 주다, 과하다
- in the name of ~이름으로, ~의 명의로
- contend ~을 (강력히) 주장하다
- malevolent 악의 있는, 심술궂은
- sadistic 사디스트적인(잔학성을 좋아하는)
- toddler 아장아장 걷는 아이
- barely 간신히, 겨우 거의 ~않다
- physician 내과 의사
- alleviate 덜다, 완화하다, 편하게 하다
- static 정적인
- terrifying 겁나게 하는, 놀라게 하는, 무서운
- effect 결과 효과, 영향, 효력
- restrict ~을 제한하다, 한정하다, 금지하다
- decade 10년
- expedient 편리한, 편의의, 정략적인
- placate (사람을) 달래다, 위로하다

10 다음 글의 내용을 한 문장으로 요약했을 때 빈칸 (A)와 (B)에 들어갈 말로 가장 적절한 것은?

Perhaps the biggest problem for men who want to do more with their children is that employers rarely make it easy for them. According to a recent study of 1,300 major corporations made by Catalyst, a career think tank for women, few companies pay more than lip service to the idea of paternal participation. More than 80 percent of the executives surveyed acknowledged that men now feel more need to share child-raising responsibilities - but nearly 40 percent also agreed that "realistically, certain positions in my firm cannot be attained by a man who combines career and parenting." While a quarter of the companies said they favored the idea of paternity leaves, fewer than on in ten actually offered them.

↓

A recent study shows that in reality it is difficult for men to share in (A) because of companies that rarely support (B) involvement in child rearing.

	(A)	(B)
①	parenting	paternal
②	parenting	executive
③	profession	paternal
④	profession	executive

[*Answer & Explanation*]

10 다음 글의 내용을 한 문장으로 요약했을 때 빈칸 (A)와 (B)에 들어갈 말로 가장 적절한 것은?

Perhaps the biggest problem for men who want to do more with their children is that employers rarely make it easy for them. According to a recent study of 1,300 major corporations made by Catalyst, a career think tank for women, few companies pay more than lip service to the idea of paternal participation. More than 80 percent of the executives surveyed acknowledged that men now feel more need to share child-raising responsibilities - but nearly 40 percent also agreed that "realistically, certain positions in my firm cannot be attained by a man who combines career and parenting." While a quarter of the companies said they favored the idea of paternity leaves, fewer than one in ten actually offered them.

↓

A recent study shows that in reality it is difficult for men to share in (A) because of companies that rarely support (B) involvement in child rearing.

- **Topic**: 아빠들의 육아참여

- **Main Idea**: 회사들은 아빠들의 육아참여에 호의적이지 않다.

- **Supporting Details**:
  ▶ 연구 통계치
   - 1,300 회사 대상
   - 80% 이상: 아빠 양육 참여에 동의
   - 40%: 양육 참여 아빠들의 회사 내 특정 포지션 획득 불가
   - 25%: 아빠 양육휴가 찬성
   - 10% 미만: 아빠 양육휴가 제공

자녀와 더 많은 시간을 보내기 원하는 아빠들에게 가장 큰 문제는 고용주들이 이것을(아빠들의 양육참여) 용이하게 하지 않는다는 것이다. 여성을 위한 직업 연구소인 카탈리스트(Catalyst)에 의해 시행된 1300개의 주요 회사에 관한 최근 연구에 따르면, 아빠들의 양육참여에 립서비스 이상을 지지해 주는 회사는 거의 없다. 설문조사 된 전문경영인들의 80% 이상이 남자들도 이제는 자녀 양육 책임을 나누어야 한다는 것을 인정했다. 그러나 그 중 40%는 현실적으로 회사일과 자녀양육을 함께 하는 사람은 회사에서 특정 직급들을 성취하기 어렵다는 것에 동의했다. 회사들 중 4분의 1은 아빠의 양육휴가에 찬성한다고 말은 하지만, 그 중 실제로 아빠의 양육휴가를 지원한 것은 10분의 1도 안 된다.

↓

최근의 한 연구는 <u>아빠</u>의 자녀 양육의 참여를 거의 지지하지 않는 회사들 때문에 현실적으로 남자들이 <u>양육</u>을 분담하는 것이 어렵다

- ☐ **think tank** 두뇌집단(정치, 경제, 사회 이슈들에 관한 지식과 충고를 제공하는 전문가 집단)
- ☐ **acknowledge** 인정하다
- ☐ **child-raising** 아동 양육
- ☐ **attain** 이루다, 획득하다
- ☐ **parenting** 육아
- ☐ **quarter** 4분의 1
- ☑ **favor** 지지하다, 찬성하다; 호의, 친절
- ☐ **paternal** 아빠의, 아버지의
- ☐ **paternity leave** 양육휴가, 출산휴가

	(A)	(B)
①	양육	아빠의
②	양육	중역
③	직업	아빠의
④	직업	중역

정답 ①

11 다음 글의 내용과 일치하는 것은?

Ten minutes of classical music a day won't score you a better IQ, says a recent study debunking Frances Raucher's "Mozart Effect." Raucher's theory, which sparked Mozart mania for six years, fell flat when Kenneth Steele of Appalachian State University was unable to replicate the results. But don't toss the tapes just yet. Irving Hurwitz and his 1975 Harvard research team determined that studying the solfege (the do, re, mi's) helped first-graders achieve significantly higher reading scores than a control group that had no such training. And on a different note, based on a 1991 study, Takashi Taniguchi of Kyoto University concluded that sad background music helps students memorize negative facts, like the death toll of a war, whereas cheerful music helps them remember positive facts, like when electricity was invented. And in an ongoing study, Gordon Shaw of the University of California at Irvine has found that preschoolers studying the keyboard achieve higher math and science scores than the control group, producing a 34% increase in their puzzle-solving skills. So there just may be magic left in Mozart's flute.

① Classical music frequently causes stress.
② Sad music helps students forget negative facts.
③ Pop music may increase a person's IQ score.
④ Cheerful music helps students memorize positive facts.

[*Answer & Explanation*]
11 다음 글의 내용과 일치하는 것은?

> Ten minutes of classical music a day won't score you a better IQ, says a recent study debunking Frances Raucher's "Mozart Effect." Raucher's theory, which sparked Mozart mania for six years, fell flat when Kenneth Steele of Appalachian State University was unable to replicate the results. But don't toss the tapes just yet. Irving Hurwitz and his 1975 Harvard research team determined that studying the solfege (the do, re, mi's) helped first-graders achieve significantly higher reading scores than a control group that had no such training. And on a different note, based on a 1991 study, Takashi Taniguchi of Kyoto University concluded that sad background music helps students memorize negative facts, like the death toll of a war, whereas cheerful music helps them remember positive facts, like when electricity was invented. And in an ongoing study, Gordon Shaw of the University of California at Irvine has found that preschoolers studying the keyboard achieve higher math and science scores than the control group, producing a 34% increase in their puzzle-solving skills. So there just may be magic left in Mozart's flute.

- **Topic**: 음악
- **Supporting Details**:
  1) 로쳐의 연구(모차르트 효과는 없다) 실패 즉, 음악이 교육에 효과가 있다는 결론에 연결

  2) 어빙의 연구: solfege
     → reading score에 도움

  3) 타카시의 연구: 배경음악
     → 기억력에 도움

  4) 고든의 연구: 건반악기
     → 수학, 과학 점수 향상에 도움

- **Main Idea**: 음악은 교육적 효과가 있다.

프랜시스 로쳐(Frances Raucher)의 '모차르트 효과'를 비판한 최근의 연구는 하루에 10분씩 고전음악을 듣는다고 해도 당신이 더 높은 지능지수를 얻지 못할 것이라고 말한다. 6년 동안 모차르트 열풍을 불러일으켰던 로쳐의 이론은, 애팔래치안 주립대학교의 케네스 스틸(Kenneth Steele)교수와 그의 연구진이 로쳐가 말했던 결과를 만들어 낼 수 없음을 보여주자 무너지고 말았다. 그러나 지금 당장은 그 테이프를 던져버리지는 마라. 어빙 허위츠(Irving Hurwitz)와 그의 1975 하버드 연구팀은 도, 레, 미와 같은 솔페즈를 학습 받은 1학년 학생들이 이런 음계훈련을 받지 않은 대조군 보다 상당히 높은 독서점수를 획득할 수 있다고 결론지었다. 그리고 교토대학의 타카시 타니구치(Takashi Taniguchi)는 다른 음에 따라 슬픈 배경음악은 학생들로 하여금 전쟁 사망자수와 같은 부정적인 사실을 기억하도록 돕고, 반면 밝은 음악은 전기를 발명한 날과 같이 긍정적인 사실들을 기억하도록 돕는다는 결론에 이르렀다. 어바인에 위치한 캘리포니아 대학의 고든 쇼(Gordon Shaw)는 진행 중인 연구에서, 건반악기를 배우고 있는 미취학아동들이 수수께끼풀이 능력에서 34%의 향상을 보이며, 대조군 보다 더 높은 수학점수와 과학점수를 획득한다는 사실을 발견했다. 따라서 모차르트의 풀룻에는 남겨진 마법이 있을지도 모른다.

① 클래식 음악은 자주 스트레스를 유발한다.
② 슬픈 음악은 학생들이 부정적인 사실을 잊도록 도와준다.
③ 팝 음악은 사람의 아이큐 점수를 높일 수 있다.
④ 즐거운 음악은 학생들이 긍정적인 사실들을 외우도록 도와준다.

정답 ④

- ☐ debunk (정체를) 폭로하다
- ☐ Mozart Effect 모차르트 효과 (모차르트의 음악을 들으면 지능이 좋아진다는 이론)
- ☐ spark 발화시키다 (흥미, 기운 따위를) 갑자기 불러일으키다, 북돋다, 유발하다
- ☐ mania 열광
- ☐ replicate 모사하다, 복제하다
- ☐ fall flat 발딱 넘어지다, 완전히 실패하다, 조금도 효과가 없다, 아무런 반응이 없다
- ☐ toss 던지다
- ☐ solfege (음악) 솔페즈 (선율, 음계를 계명으로 노래하기, 도레미파를 쓴 시창법 음악의 기초 이론교육)
- ☐ control group 대조군
- ☐ not 기록, 메모, (악기의) 음, (시) 선율
- ☐ death toll 사망자 수
- ☐ preschooler 미취학 아동
- ☐ weary 지치다, 짜증나다, 지치게 하다, 싫증나게 하다

12 다음 글의 제목으로 가장 적절한 것은?

We now know that chemical pollutants in soil and groundwater have profound effects on human health and welfare, in terms of both potential disease that the intake of these chemicals can cause, and the economic impact of cleaning up contaminated environments. Health effects from chemical contaminants have been difficult to assess because the impact is not acute, but rather cumulative, resulting in cancer many years following exposure or, more immediately, resulting in birth defects. The cost of cleanup or remediation of the contaminated sites in the United States alone would require more than $ 1 trillion. Given this price tag, it is increasingly recognized that biological cleanup alternatives, known as bioremediation, may have profound economic advantages over traditional physical and chemical remediation techniques.

① A huge price tag attached to environmental pollution
② Who is to blame for the U.S. chemical pollutant cleanup cost
③ Potential health and economic hazards of contaminated environments
④ A growing interest in bioremediation to combat polluted environments

[*Answer & Explanation*]
12 다음 글의 제목으로 가장 적절한 것은?

> We **now** know that chemical pollutants in soil and groundwater have **profound** effects on human health and welfare, in terms of both potential disease that the intake of these chemicals can cause, and the economic impact of cleaning up contaminated environments. Health effects from chemical contaminants have been difficult to assess because the impact is not acute, but rather cumulative, resulting in cancer many years following exposure or, more immediately, resulting in birth defects. The cost of cleanup or remediation of the contaminated sites in the United States alone would require more than $ 1 trillion. Given this price tag, it is increasingly recognized that **biological cleanup alternatives, known as bioremediation, may have profound economic advantages over traditional physical and chemical remediation techniques.**

- **Topic**:
  토양과 지하수에 스며든 화학오염물질

- **Supporting Details**:
  인간의 건강과 행복 - 영향
  1) 잠재적 질병
  2) 경제적 영향

  잠재적 질병 - 급성 ×, 누적 ○ → 발견 어려움

  미국의 환경정화비용 - 1조 달러

- **Main Idea**: 환경오염을 해결하기 위한 생물학적 환경정화에 대한 관심 증대

토양과 지하수에 스며든 환경오염물질이 이들 화학물질의 흡수가 일으킬 수 있는 잠재적 질병이라는 관점과 오염된 환경을 정화하는 데 드는 경제적 영향이라는 관점에서 인간의 건강과 행복에 깊은 영향을 준다는 것을 우리는 이제 알고 있다. 화학오염물질이 건강에 미치는 영향은 가늠하기 어려웠는데, 왜냐하면 이러한 영향은 급성으로 나타나는 것이 아니라 오히려 누적되는 것이어서, 화학오염물질에 노출된 지 여러 해가 지난 후에 암을 유발하거나, 보다 즉각적으로는, 선천적 결손증을 일으키기 때문이다. 미국에서만도 오염된 곳을 청소하거나 환경을 정화하는데 드는 비용이 1조 달러 이상 필요할 것이다. 이런 비용을 감안할 때, 생물학적 환경정화로 알려진 생물에 의한 청소하는 대안이 전통적인 물리, 화학적 환경정화 기술보다 지대한 경제적 이점이 있다는 것이 점점 인식되고 있다.

① 환경오염에 부착된 엄청난 가격표
② 미국 화학 오염물질 정화비용을 누가 책임질 것인가
③ 오염된 환경의 잠재적인 건강 및 경제적 위험들
④ 오염된 환경과 싸우기 위한 생물학적 정화에 대한 관심 증가

- ☐ groundwater 지하수
- ☐ intake 섭취, 흡입
- ☐ contaminant 오염물질
- ☐ acute 강렬한, 심한
- ☐ cumulative 누적되는
- ☐ birth defect 선천적 결손증, 선천적 장애
- ☐ remediation 환경정화, 치료
- ☐ price tag 가격표

정답 ④

13 다음 글을 읽고, 본문의 내용과 가장 일치하지 않는 것은?

　The members of the US police force who have most contact with the public are uniformed officers, who patrol in cars and are the first to arrive when a crime is reported. More serious crimes are investigated by detectives, who usually wear plain clothes instead of a uniform. In spite of the fact that police officers in the US wear guns, they are seen by many Americans as being honest, helpful people who work hard at a dangerous job. This is the image that has been shown in popular television programmes such as Colombo and Hill Street Blues. But in recent years it has become clear that many police officers are prejudiced against African Americans and Hispanics and that in some police forces, such as that in Los Angeles, prejudice and even violence by the police have been common.

① '콜롬보'라는 프로그램은 미국 경찰의 위선을 잘 보여주었다.
② 보통 미국에서 시민들의 접하는 경찰들은 제복을 입고 있다.
③ 미국 경찰 중에서 인종차별적 성향을 지닌 경찰들이 있다.
④ 가벼운 범죄보다 더 심각한 문제를 다루는 수사관은 보통 사복을 입는다.

[**Answer & Explanation**]
13 다음 글을 읽고, 본문의 내용과 가장 일치하지 않는 것은?

> The members of the US police force who have most contact with the public are uniformed officers, who patrol in cars and are the first to arrive when a crime is reported. More serious crimes are investigated by detectives, who usually wear plain clothes instead of a uniform. In spite of the fact that police officers in the US wear guns, they are seen by many Americans as being honest, helpful people who work hard at a dangerous job. This is the image that has been shown in popular television programmes such as Colombo and Hill Street Blues. But in recent years it has become clear that many police officers are prejudiced against African Americans and Hispanics and that in some police forces, such as that in Los Angeles, prejudice and even violence by the police have been common.

- **Topic**: 미국 경찰
- **Supporting Details**:
  ▶ 제복경찰 vs. 사복경찰

  ▶ 미국 경찰에 대한 이미지

- **Main Idea**: 미국 경찰은 아프리카 계 미국인들과 히스패닉 계 사람들에게 편견을 가지고 있으며, 심지어 일부 경찰에 의한 폭력이 난무하다.

대중과 가장 많은 접촉을 갖는 미국 경찰관들은 제복을 입은 경찰관들이며, 그들은 차로 순찰을 하고 범죄가 보고됐을 때 가장 먼저 도착하는 사람들이다. 좀 더 중범에 해당하는 것들은 형사들에 의해 조사되는데, 그들은 보통 유니폼이 아닌 사복을 입는다. 미국 경찰들이 총을 가지고 있음에도 불구하고, 많은 미국인들은 그들을 위험한 일을 열심히 하는 정직하고 도움이 되는 사람들로 바라본다. 이것은 Colombo and Hill Street Blues와 같은 인기 있는 텔레비전 프로그램에서 보이는 이미지이다. 그러나 최근에, 많은 경찰들은 아프리카 계 미국인들과 히스패닉 계 사람들에게 불리한 편견을 가지고 있고 로스앤젤레스와 같은 곳에서 일부 경찰들 사이에 편견과 심지어 경찰에 의한 폭력이 보편화되었다는 것이 명백해졌다.

☐ uniformed 제복을 입은, 유니폼을 입은
☐ patrol 순찰하다
☐ detective 형사
☐ plain clothes 사복
☐ prejudiced 편견이 있는

정답 ①

14 글의 내용과 일치하지 않는 것은?

　　The newest approach to automobile repair is the clinic, a place where car doctors go over an automobile in an attempt to detect defects. Since the clinic does no repairs, its employees do not neglect the truth. So many automobile owners feel that mechanics deceive them that the clinics, even though they undoubtedly charge high fees, are quite popular. The experts do a thorough job for each client. They explore every part of the engine, body, and brakes; they do all kinds of tests with expensive machines. Best of all, the comprehensive examination takes only about half an hour. With the clinic's report in your hand no mechanics will be able to defraud you by telling you that you need major repairs when only a small repair is necessary.

① The clinic discovers the problems of the car.
② The clinic requests repairs to the clients without telling the truth.
③ In spite of the high fees, the clinics are popular among automobile owners.
④ The clinic's report prevents you from being cheated by mechanics.

[*Answer & Explanation*]
14 글의 내용과 일치하지 않는 것은?

The newest approach to automobile repair is the clinic, a place where car doctors go over an automobile in an attempt to detect defects. Since the clinic does no repairs, its employees do not neglect the truth. So many automobile owners feel that mechanics deceive them that the clinics, even though they undoubtedly charge high fees, are quite popular. The experts do a thorough job for each client. They explore every part of the engine, body, and brakes; they do all kinds of tests with expensive machines. Best of all, the comprehensive examination takes only about half an hour. With the clinic's report in your hand no mechanics will be able to defraud you by telling you that you need major repairs when only a small repair is necessary.

- **Topic**: 자동차 병원
- **Supporting Details**:
  ▶ 자동차 병원의 정의

  ▶ 자동차 병원의 장점과 인기
    1) 진실을 소홀히 하지 않는다.
    2) 철저한 검사
    3) 비싼 검사 장비
    4) 짧은 검사 시간 (30분)
- **Main Idea**: 자동차 병원의 보고서를 가지면 속을 일이 없다.

자동차 수리에 대한 가장 최신의 처리방법은 자동차 병원(clinic)이다. 자동차 병원은 자동차 의사들이 결함들을 찾아내기 위해 자동차를 살펴보는 장소이다. 자동차 병원은 수리를 하지 않기 때문에 그곳에서 일하는 사람들은 진실을 소홀히 하지 않는다. 너무도 많은 자동차 소유자들은 자동차 수리공들이 그들을 속인다고 느끼기 때문에 심지어 자동차 병원이 의심할 여지없이 높은 수수료를 청구한다고 할지라도 자동차 병원은 꽤 인기가 있다. 전문가들이 각각의 고객들에게 철저한 진료를 한다. 그들은 엔진, 차체, 그리고 브레이크의 모든 부분들을 조사한다. 그들은 값비싼 기계들을 가지고 모든 종류의 테스트를 한다. 무엇보다도 종합적인 조사가 약 30분밖에 걸리지 않는다. 당신의 손에 자동차 병원의 보고서를 가지고 있다면, 어떤 자동차 수리공도 당신에게 단지 아주 작은 수리가 필요할 때 중대한 수리가 필요하다고 말함으로써 당신에게 사기를 칠 수 없을 것이다.

① 그 클리닉은 자동차의 문제를 발견한다.
② 그 클리닉은 고객들에게 진실을 말하지 않고 수리를 요청한다.
③ 비싼 요금에도 불구하고, 그 클리닉은 자동차 소유자들 사이에서 인기가 있다.
④ 그 클리닉의 보고서는 당신이 기계공에게 속는 것을 막는다.

정답 ②

- ☐ approach 접근법, 처리방법; 다가가다(오다)
- ☐ go over ~을 검토하다, 조사하다
- ☐ in an attempt to ~하려는 시도로
- ☐ detect 발견하다, 감지하다
- ☐ defect 결함
- ☐ neglect 방치하다, 소홀하다
- ☐ undoubtedly 의심할 여지없이
- ☐ thorough 빈틈없는, 철두철미한
- ☐ explore 분석하다, 탐험하다
- ☐ best of all 무엇보다도, 특히
- ☐ half an hour 30분
- ☐ defraud 사기를 치다
- ☐ cheat 속이다

15 the Marshall Plan에 대한 설명으로 옳지 않은 것은?

World War II left much of Western Europe deeply scarred in many ways. Economically, it was devastated. In early 1948, as the Cold War developed between the United States and the Soviet Union and political tension rose, U.S. policymakers decided that substantial financial assistance would be required to maintain a state of political stability. This conclusion led the Secretary of State, George C. Marshall, to announce a proposal: the European countries were advised to draw up a unified plan for reconstruction, to be funded by the U.S. This European Recovery Program, also known as the Marshall Plan, provided economic and technical assistance to 16 countries. Between 1948 and 1952, participating countries received a combined total of 12 billion dollars in U.S. aid. In the end, the program was seen as a great success; it revived the economies of Western Europe and set them on a course for future growth.

① It provided economic assistance to 16 countries
② It supplied economic aid for a period spanning four years
③ It gave each of the participating countries 12 billion dollars
④ It was considered a great long-term success

[*Answer & Explanation*]
15 the Marshall Plan에 대한 설명으로 옳지 않은 것은?

World War II left much of Western Europe deeply scarred in many ways. Economically, it was devastated. In early 1948, as the Cold War developed between the United States and the Soviet Union and political tension rose, U.S. policymakers decided that substantial financial assistance would be required to maintain a state of political stability. This conclusion led the Secretary of State, George C. Marshall, to announce a proposal: the European countries were advised to draw up a unified plan for reconstruction, to be funded by the U.S. This European Recovery Program, also known as the Marshall Plan, provided economic and technical assistance to 16 countries. Between 1948 and 1952, participating countries received a combined total of 12 billion dollars in U.S. aid. In the end, the program was seen as a great success; it revived the economies of Western Europe and set them on a course for future growth.

- **Topic**: 마샬 플랜
- **Supporting Details**:
  Problem - 제 2차 세계대전으로 인한 서구 유럽의 황폐화

  Solution - 서구유럽에 재정적 지원

  ▶ 마샬플랜의 목적 - 정치적 안정상태 유지
  ▶ 마샬플랜의 과정과 내용

  ▶ 마샬플랜의 (+) 결과

- **Main Idea**: 마샬플랜은 서구 유럽사회 경제를 회복시켰고, 미래의 성장을 위한 토대를 마련했다.

세계 제 2차 세계대전은 서구 유럽의 많은 지역들에 많은 방식으로 상흔을 남겼다. 경제적으로 그곳은 황폐화되었다. 1948년 초에 미국과 구소련 사이에 냉전이 전개 되었고 정치적 긴장이 발생함에 따라서 미국 정책 입안자들은 정치적 안정상태를 유지하기 위해서 상당한 재정적인 지원이 필요할 것이라는 결론을 내렸다. 이러한 결론으로 미국 국무장관 조지 마샬(George C. Marshall)이 하나의 제안을 하기에 이르렀다. 즉, 유럽의 국가들은 재건을 위한 하나의 통일된 계획안을 내도록 권고 받았고, 그 계획은 미국에 의해서 자금 지원을 받는 것이었다. 이 유럽 재건 프로그램이 마샬플랜(the Marshall Plan)으로 알려져 있으며, 16개 국가에 경제적인 그리고 기술적인 지원을 제공했다. 1948년과 1952년 사이에 참여 국가들은 미국 원조 형태로 총 120억 달러를 지원 받았다. 마침내 그 계획은 매우 성공적이었다. 그것은 서구 유럽의 경제를 다시 살려냈고 미래의 성장을 위한 토대를 마련했다.

① 그것은 16개국에 경제적 지원을 제공했다
② 그것은 4년에 걸친 기간 동안 경제적 원조를 제공했다
③ 그것은 각각의 참가국들에게 120억 달러를 주었다
④ 그것은 장기적으로 대단한 성공으로 여겨졌다

☐ scarred 흉터가 있는, 상흔이 있는
☐ devastate 황폐화시키다
☐ Cold War 냉전
☐ substantial 상당한, 실질적인
☐ assistance 지원
☐ political stability 정치적인 안정성
☐ the Secretary of State 국무장관
☐ draw up 만들다, 작성하다
☐ unified 통일된
☐ reconstruction 재건
☐ fund 기금, 자금; 기금을 대다, 자금을 대다
☐ participate 참여하다

정답 ③

Practice Test — 지문구조 Mapping

01 다음 글의 주제로 가장 적절한 것은?

If you've ever seen a tree stump, you probably noticed that the top of the stump had a series of rings. These rings can tell us how old the tree is, and what the weather was like during each year of the tree's life. Because trees are sensitive to local climate conditions, such as rain and temperature, they give scientists some information about that area's local climate in the past. For example, tree rings usually grow wider in warm, wet years and are thinner in years when it is cold and dry. If the tree has experienced stressful conditions, such as a drought, the tree might hardly grow at all during that time. Very old trees in particular can offer clues about what the climate was like long before measurements were recorded.

① traditional ways to predict weather
② difficulty in measuring a tree's age
③ importance of protecting local trees
④ tree rings suggesting the past climate

정수현 영어 독해 이론 [Text Structure and Pattern]

[**Answer & Explanation**]
01 다음 글의 주제로 가장 적절한 것은?

If you've ever seen a tree stump, you probably noticed that the top of the stump had a series of rings. **These rings can tell us how old the tree is, and what the weather was like during each year of the tree's life.** Because trees are sensitive to local climate conditions, such as rain and temperature, they give scientists some information about that area's local climate in the past. For example, tree rings usually grow wider in warm, wet years and are thinner in years when it is cold and dry. If the tree has experienced stressful conditions, such as a drought, the tree might hardly grow at all during that time. Very old trees in particular can offer clues about what the climate was like long before measurements were recorded.

- **Topic**: 나이테

- **Main Idea**: 나이테는 나무의 나이와 나무가 살아있을 때의 날씨를 말해준다

- **Supporting Details**:
  ▶ 나무는 비/기온의 날씨환경에 민감

  ▶ 나이테 - 따뜻하고 습한 해에 더 넓게 성장
    - 가뭄: 성장 ×

  ▶ 매우 오래된 나무 - 관측 기록 이전 기후 정보 제공

만약 여러분이 나무 그루터기를 본적 있다면, 아마도 그루터기의 꼭대기 부분에 일련의 나이테가 있는 것을 보았을 것이다. 이 나이테는 그 나무의 나이가 몇 살인지, 그 나무가 매해 살아오는 동안 날씨가 어떠했는지를 우리에게 말해 줄 수 있다. 나무는 비와 온도 같은, 지역의 기후 조건에 민감하므로, 그것은 과거의 그 지역 기후에 대한 약간의 정보를 과학자에게 제공해 준다. 예를 들어, 나이테는 온화하고 습한 해에는 (폭이) 더 넓어지고 춥고 건조한 해에는 더 좁아진다. 만약 나무가 가뭄과 같은 힘든 기후 조건을 경험하게 되면, 그러한 기간에는 나무가 거의 성장하지 못할 수 있다. 특히 매우 나이가 많은 나무는 관측이 기록되기 훨씬 이전에 기후가 어떠했는지에 대한 단서를 제공해 줄 수 있다.

① 날씨를 예측하는 전통적인 방법들
② 나무의 연대 측정의 어려움
③ 지역 나무 보호의 중요성
④ 과거의 기후를 암시하는 나이테

- ☐ tree stump 나무의 그루터기
- ☐ probably 아마도
- ☐ notice 알아차리다
- ☐ sensitive 민감한
- ☐ temperature 온도
- ☐ thin 얇은
- ☐ drought 가뭄
- ☐ hardly 거의 ~ 않다
- ☐ in particular 특히
- ☐ measurement 측정, 측량, 관측
- ☐ clue 단서

정답 ④

02 다음 글의 요지로 가장 적절한 것을 고르시오.

Nervousness about public speaking is one of the most common fears among people. It can serve as a real and significant barrier to effective communication and ultimately to academic and professional success. Debate is an ideal setting to develop coping strategies that allow people to manage their speech anxiety. Because debate both requires and allows for a lot of preparation, individuals develop confidence in their materials and passion for the ideas they support. Debate provides a focus on the content over style, so the attention is on the arguments, not on the person. Participants may forget to be nervous as they have so much else to think about. And repetition of experience helps them build confidence and learn to cope with their inevitable nervousness in such a way as to prevent it from interfering with their objectives.

① 토론 시 지나치게 공격적인 태도는 지양해야 한다.
② 상대방을 설득하려면 구체적인 근거 제시가 필요하다.
③ 토론은 공적인 말하기에 대한 불안감 극복에 도움이 된다.
④ 효과적인 의사소통기술은 학업 성취에 긍정적 영향을 미친다.

정수현 영어 독해 이론 [Text Structure and Pattern]

[***Answer & Explanation***]
02   다음 글의 요지로 가장 적절한 것을 고르시오.

Nervousness about public speaking is one of the most common fears among people. It can serve as a real and significant barrier to effective communication and ultimately to academic and professional success. **Debate is an ideal setting to develop coping strategies that allow people to manage their speech anxiety.** Because debate both requires and allows for a lot of preparation, individuals develop confidence in their materials and passion for the ideas they support. Debate provides a focus on the content over style, so the attention is on the arguments, not on the person. Participants may forget to be nervous as they have so much else to think about. And repetition of experience helps them build confidence and learn to cope with their inevitable nervousness in such a way as to prevent it from interfering with their objectives.

- **Topic**: 공석에서 말하기에 대한 불안감
- **Supporting Details**: 효율적인 소통과 학업/직업상 성공의 장애물
- **Main Idea**: 토론은 공석에서 말하기에 대한 불안감에 대한 성공적인 대체 전략이다.

▶ 토론이 불안감의 이상적인 해결책인 근거
1) 토론: 많은 준비를 요구
2) 결과 자료에 대한 확신과 주장에 대한 열정

3) 토론은 사람이 아니라 논거에 초점

4) 반복된 토론 연습 → 불안감 극복

공석에서 말하기에 대한 불안감은 사람들 사이에서 가장 흔한 공포 중 하나이다. 그것은 효과적인 의사소통, 그리고 궁극적으로 학업과 직업상 성공을 가로막는 실질적이고 중대한 장벽이다. 토론은 사람들이 그들의 발표 불안을 관리할 수 있게 해 주는 대응 전략을 개발하는 데 이상적인 환경이다. 토론이 많은 준비를 요구하고 또한 (준비를) 하도록 하기 때문에 개인은 그들의 자료에 대한 확신과 그들이 옹호하는 주장에 대한 열정을 가지게 된다. 토론은 표현 방식보다는 내용에 초점을 두게 하기 때문에 관심은 사람이 아니라 논거에 맞추어진다. 참가자는 그 외에 생각할 것이 많기 때문에 불안감을 잊을지도 모른다. 그리고 반복된 경험은 그들이 자신감을 가지도록, 그리고 그들의 불가피한 불안감이 목적을 방해하는 것을 막는 방식으로 불안감에 대처하는 것을 배우도록 돕는다.

정답 ③

- □ participant 참가자
- □ inevitable 불가피한
- □ interfere with ~을 방해하다, 간섭하다
- □ repetition 반복
- □ prevent 막다, 예방하다
- □ objective 목적

- □ nervousness 불안감
- □ public speaking 공석에서 말하기, 공개연설
- □ common 흔한
- □ significant 중요한, 중대한, 상당한
- □ barrier 장벽
- □ ultimately 궁극적으로
- □ ideal 이상적인
- □ coping strategy 대처 전략
- □ anxiety 불안, 근심
- □ debate 토론
- □ require 요구하다
- □ preparation 준비
- □ confidence 자신감, 신뢰
- □ attention 관심, 집중

03 다음 글의 주제로 가장 적절한 것은?

　　Fast fashion refers to trendy clothes designed, created, and sold to consumers as quickly as possible at extremely low prices. Fast fashion items may not cost you much at the cash register, but they come with a serious price: tens of millions of people in developing countries, some just children, work long hours in dangerous conditions to make them, in the kinds of factories often labeled sweatshops. Most garment workers are paid barely enough to survive. Fast fashion also hurts the environment. Garments are manufactured using toxic chemicals and then transported around the globe, making the fashion industry the world's second-largest polluter, after the oil industry. And millions of tons of discarded clothing piles up in landfills each year.

① problems behind the fast fashion industry
② reasons why the fashion industry is growing
③ the need for improving working environment
④ the seriousness of air pollution in developing countries

[*Answer & Explanation*]
03 다음 글의 주제로 가장 적절한 것은?

>   **Fast fashion** refers to trendy clothes designed, created, and sold to consumers as quickly as possible at extremely low prices. Fast fashion items may not cost you much at the cash register, **but they come with a serious price**: tens of millions of people in developing countries, some just children, work long hours in dangerous conditions to make them, in the kinds of factories often labeled sweatshops. Most garment workers are paid barely enough to survive. Fast fashion also hurts the environment. Garments are manufactured using toxic chemicals and then transported around the globe, making the fashion industry the world's second-largest polluter, after the oil industry. And millions of tons of discarded clothing piles up in landfills each year.

- **Topic**: 패스트 패션

- **Main Idea**: 패스트 패션은 심각한 대가를 수반한다.

- **Supporting Details**:
  - 개발도상국
  - 미성년
  - 위험한 근무 환경
  - 노동착취
  - 낮은 임금
  - 환경 파괴
  - 버려진 의복 매립지 축적

패스트 패션은 매우 낮은 가격에 가능한 빨리 디자인되고, 만들어지고, 소비자에게 팔리는 유행 의류를 의미한다. 패스트 패션 상품은 계산대에서 당신에게 많은 비용을 들게 하지 않을지는 모르지만, 그러나 그것들은 심각한 대가를 수반한다. 일부는 아직 어린 아이들인, 수천만의 개발도상국 사람들이 흔히 그것들을 만들기 위해 노동착취공장이라고 이름 붙여진 종류의 공장에서 오랜 시간 동안 위험한 환경에서 일한다. 대부분의 의류 작업자들은 간신히 생존할 정도의 임금을 받는다. 패스트 패션은 또한 환경을 훼손한다. 의류는 유해한 화학 물질을 이용해 제작되고 전 세계로 운반되는데, 이것은 석유산업 다음으로 의류산업을 세계에서 두 번째로 큰 오염원으로 만든다. 그리고 버려진 의류 수백만 톤이 매년 매립지에 쌓인다.

① 패스트 패션 산업의 이면에 있는 문제들
② 패션 산업이 성장하는 이유들
③ 작업 환경 개선의 필요성
④ 개발도상국의 대기 오염의 심각성

정답 ①

- ☐ trendy 최신 유행의
- ☐ extremely 극도로, 극히
- ☐ cash register 계산대
- ☐ price 가격; (치러야 할) 대가
- ☐ sweatshop 노동착취공장
- ☐ garment 의류
- ☐ barely 간신히
- ☐ manufacture 제조하다
- ☐ toxic chemical 독성 화학물질
- ☐ transport 운반하다, 운송하다
- ☐ polluter 오염원
- ☐ discard 버리다
- ☐ pile up 쌓이다
- ☐ landfill 매립지

04 다음 글에 나타난 Dr. Westhoff의 생각과 일치하는 것은?

> The new study, being published Monday in The American Journal of Obstetrics and Gynecology, finds that pregnant women who consume 200 milligrams or more of caffeine a day — the amount in 10 ounces of coffee or 25 ounces of tea — may double their risk of miscarriage. However, Dr. Carolyn Westhoff, a professor of obstetrics and gynecology, and epidemiology, at Columbia University Medical Center, had reservations about the study, noting that miscarriage is difficult to study or explain. Dr. Westhoff said most miscarriages resulted from chromosomal abnormalities, and there was no evidence that caffeine could cause those problems. "I think we tend to go overboard on saying expose your body to zero anything when pregnant. The human race wouldn't have succeeded if the early pregnancy was so vulnerable to a little bit of anything. We're more robust than that."

① Caffeine could cause chromosomal abnormalities, which eventually result in miscarriages.
② The early pregnancy is very vulnerable to even a little caffeine.
③ You should expose your body to zero caffeine when pregnant.
④ Most miscarriages are caused by chromosomal abnormalities.

[*Answer & Explanation*]

04 다음 글에 나타난 Dr. Westhoff의 생각과 일치하는 것은?

The new study, being published Monday in The American Journal of Obstetrics and Gynecology, finds that pregnant women who consume 200 milligrams or more of caffeine a day — the amount in 10 ounces of coffee or 25 ounces of tea — may double their risk of miscarriage. However, Dr. Carolyn Westhoff, a professor of obstetrics and gynecology, and epidemiology, at Columbia University Medical Center, had reservations about the study, noting that miscarriage is difficult to study or explain. Dr. Westhoff said most miscarriages resulted from chromosomal abnormalities, and there was no evidence that caffeine could cause those problems. "I think we tend to go overboard on saying expose your body to zero anything when pregnant. The human race wouldn't have succeeded if the early pregnancy was so vulnerable to a little bit of anything. We're more robust than that."

- **Topic** 임신 중 카페인 섭취의 영향에 대한 두 연구 발표

1) 미국 산부인과 학회지
   임산부 하루 200mg 이상 카페인섭취
   → 유산위험 두 배 증가

2) Carolyn Westhoff 박사
   유산: 염색체 이상으로 발생
   카페인 원인 증거 ×

- **Main Idea**: 임신 중 카페인 섭취의 영향에 대한 전혀 다른 두 연구 발표

미국 산부인과 저널에 월요일에 실린 새로운 연구에 따르면 하루에 200밀리그램 혹은 그 이상 - 이는 10온스의 커피나 25온스의 차에 들어 있는 양이다 - 의 카페인을 섭취하는 임신한 여성들이 유산할 위험이 두 배가 될 수 있다. 그러나 콜롬비아 의과대학병원에서 산부인과와 전염병학을 맡고 있는 Carolyn Westhoff 박사는 그 연구에 대해 의구심을 가졌고, 유산은 연구하거나 설명하기 어렵다는 것을 지적했다. Westhoff 박사는 대부분의 유산이 염색체 이상에서 생기는 것이며 카페인이 그러한 문제들을 일으켰다는 어떠한 증거도 없다고 말했다. "제 생각에 우리는 임신했을 때 그 어떤 것에도 몸을 노출시키지 말라고 말하는 것에 너무 열중하는 경향이 있습니다. 만일 임신초기가 어떤 것이든 작은 것에 그렇게 취약했다면, 인류는 대를 잇지 못했을 겁니다. 우리는 그것 보다 더 강합니다."

① 카페인은 염색체 이상을 유발할 수 있고, 결국 유산을 초래할 수 있다.
② 초기 임신은 약간의 카페인에도 매우 취약하다.
③ 임신했을 때는 카페인에 전혀 노출되어서는 안 된다.
④ 대부분의 유산은 염색체 이상으로 인해 발생한다.

정답 ④

- ☐ obstetrics 산과 의학
- ☐ gynecology 부인과 의학
- ☐ consume 소비하다, 먹다
- ☐ miscarriage 유산
- ☐ epidemiology 전염병학
- ☐ reservation 예약, 의구심
- ☐ chromosomal 염색체의
- ☐ abnormality 이상, 기형
- ☐ go overboard on ~에 너무 열중하다
- ☐ vulnerable 취약한, 연약한
- ☐ robust 강건한, 튼튼한

05 다음 글의 내용으로 가장 적절한 것은?

The Republic of Ireland was long seen as an economic powerhouse in Europe. Driven by a comparatively modest corporate tax rate of 12.5%, it had the highest levels of growth in Europe from 1995 to 2007. Then things started to go wrong. The country's real estate bubble burst in 2007, leading to six months of recession in the middle of the year. Then the global financial crisis struck in 2008, and Ireland descended into a two-year recession. And it has never recovered from that shock, alternating since then between recession and anemic growth.

① Ireland steadily experienced the abrupt growth from 2007 to 2008.
② The recession of Ireland in 2007 was caused by a housing collapse.
③ Ireland led Europe with the lowest corporate tax up to 2007.
④ The economy of Ireland after 2010 has continued to expand steadily.

정수현 영어 독해 이론 [Text Structure and Pattern]

[**Answer & Explanation**]

05 다음 글의 내용으로 가장 적절한 것은?

> The Republic of Ireland was long seen as an economic powerhouse in Europe. Driven by a comparatively modest corporate tax rate of 12.5%, it had the highest levels of growth in Europe from 1995 to 2007. Then things started to go wrong. The country's real estate bubble burst in 2007, leading to six months of recession in the middle of the year. Then the global financial crisis struck in 2008, and Ireland descended into a two-year recession. And it has never recovered from that shock, alternating since then between recession and anemic growth.

- **Topic**: 아일랜드 공화국의 경제

- **Supporting Details**:
  ▶ 12.5% 적당한 법인세율
    → 1995~2007 유럽에서 가장 높은 성장률
  ▶ 2007: 부동산 버블 → 6개월 경기침체
  ▶ 2008: 전 세계 금융위기
  ▶ 아일랜드 - 2년 경기침체
      - 회복 ×
      - 침체 + 무기력한 성장
- **Main Idea**:
  아일랜드공화국의 경기침체 시기와 원인

아일랜드 공화국은 상대적으로 크지 않은 12.5%의 법인세율을 동력으로 유럽의 경제 발전소로서 오랫동안 간주되었고, 1995년부터 2007년까지 유럽에서 가장 높은 수준의 성장을 이루었다. 그 후 상황이 변하기 시작했다. 국가의 부동산 거품이 2007년에 터졌고, 그 해 중반 6개월의 불경기를 가져왔다. 그러고 나서 2008년 세계 금융위기가 들이닥쳤으며, 아일랜드는 2년 동안 불경기 속으로 빠져들었다. 그리고 그 충격으로부터 결코 회복되지 못했으며, 그 때 이후로 불경기와 활기 없는 성장이 번갈아 발생했다.

① 아일랜드는 2007년부터 2008년까지 지속적으로 급격한 성장을 경험했다.
② 2007년 아일랜드의 불경기는 주택 붕괴로 인해 발생했다.
③ 아일랜드는 2007년까지 가장 낮은 법인세로 유럽을 이끌었다.
④ 2010년 이후 아일랜드의 경제는 꾸준히 성장하고 있다.

정답 ②

☐ powerhouse 발전소
☐ comparatively 비교적, 상대적으로
☐ modest 겸손한, 적당한, 그다지 크지 않은
☐ corporate tax 법인세율
☐ real estate bubble 부동산거품
☐ burst 터지다, 파열하다
☐ recession 불경기
☐ financial crisis 금융위기
☐ descend into ~로 빠져들다
☐ anemic 빈혈의, 활기 없는
☐ steadily 꾸준히
☐ abrupt 급작스러운
☐ alternate 번갈아 일어나다, 교체하다

06 다음 글의 주제로 가장 적절한 것은?

Errold Reid of Mount Sinai School of Medicine in New York City and his colleagues studied piano players who had been playing for at least 10 years. Eleven of the players experienced varying degrees of piano-related discomfort; 21 were pain-free. The researchers found that no postural differences were evident in the two groups, but the players who were pain-free relied heavily on their back and neck muscles. Conversely, players who experienced pain used smaller muscles in their forearms more. According to the study, not using the strong back muscles shifts the work to the smaller, more delicate muscles in the fingers and arms, which is too hard on those little muscles.

① 피아노 칠 때 사용하는 근육이 통증에 미치는 영향
② 피아노곡 감상을 통한 통증 치료 효과
③ 목 근육에 의존하여 생기는 부작용과 해결 방법
④ 오랜 시간 피아노를 치기 위한 바른 자세

[**Answer & Explanation**]

06 다음 글의 주제로 가장 적절한 것은?

> Errold Reid of Mount Sinai School of Medicine in New York City and his colleagues studied piano players who had been playing for at least 10 years. Eleven of the players experienced varying degrees of piano-related discomfort; 21 were pain-free. The researchers found that no postural differences were evident in the two groups, but the players who were pain-free relied heavily on their back and neck muscles. Conversely, players who experienced pain used smaller muscles in their forearms more. According to the study, **not using the strong back muscles shifts the work to the smaller, more delicate muscles in the fingers and arms, which is too hard on those little muscles.**

- **Supporting Detail**:
연구대상 - 10년 피아노 연주자
11명 - 다양한 피아노 관련 통증 경험

21명 - No 통증

통증 원인 - 자세 차이 ×

등+목 근육 사용 → 통증 ×

팔 소 근육 사용 → 통증 O
- **Topic**: 피아노 연주자들의 통증
- **Main Idea**: 피아노 연주자들의 통증 원인 연구결과
  - 강한 등 근육 사용× → 팔+손가락 부담 → 통증 유발

뉴욕시의 Mount Sinai 의과대학 Errold Reid와 그의 동료들은 적어도 10년 이상 연주해 온 피아노 연주자들을 연구했다. 연주자들 중 11명은 다양한 수준의 피아노 관련 통증을 경험했다. 21명은 통증이 없었다. 연구가들은 두 집단에서 어떠한 자세의 차이도 분명하지 않았다는 것을 알아냈다. 한편 고통이 없었던 연주자들은 그들의 등과 목 근육에 상당히 의존했다. 반대로, 통증을 경험한 연주자들은 더 작은 그들의 팔뚝 근육들을 사용했다. 그 연구에 따르면, 강한 등 근육들을 사용하지 않는 것은 손가락과 팔에 있는 더 작고, 더 섬세한 근육들로 부담을 이동시켰고, 그것은 작은 근육들에 너무 과한 부담이다.

정답 ①

- varying 다양한
- discomfort 불편함, 통증
- pain-free 통증이 없는
- evident 분명한, 명백한
- muscle 근육
- conversely 반대로
- forearm 팔뚝
- delicate 섬세한

07 다음 글의 요지로 가장 적절한 것은?

Most native English speakers don't actually talk in correct English. What we usually consider correct English is a set of guidelines developed over time to help standardize written expression. This standardization is a matter of use and convenience. Suppose you went to a vegetable stand and asked for a pound of peppers and the storekeeper gave you a half pound but charged you for a full one. When you complained, he said, "But that's what I call a pound." Life would be very frustrating if everyone had a different set of standards: Imagine what would happen if some states used a red light to signal "go" and a green one for "stop." Languages are not that different. In all cultures, languages have gradually developed certain general rules and principles to make communication as clear and efficient as possible.

① 규칙에 얽매인 언어 사용은 대화를 방해한다.
② 이질적인 문화는 사회생활의 불편을 초래한다.
③ 언어는 명확한 의사소통을 위해 표준화되어 왔다.
④ 외국어의 문법 규칙은 맥락 속에서 습득해야 한다.

정수현 영어 독해 이론 [Text Structure and Pattern]

[***Answer & Explanation***]

07 다음 글의 요지로 가장 적절한 것은?

> Most native English speakers don't actually talk in correct English. What we usually consider correct English is a set of guidelines developed over time to help standardize written expression. This standardization is a matter of use and convenience. Suppose you went to a vegetable stand and asked for a pound of peppers and the storekeeper gave you a half pound but charged you for a full one. When you complained, he said, "But that's what I call a pound." Life would be very frustrating if everyone had a different set of standards: Imagine what would happen if some states used a red light to signal "go" and a green one for "stop." Languages are not that different. **In all cultures, languages have gradually developed certain general rules and principles to make communication as clear and efficient as possible.**

- **Topic**: 언어의 표준화

- **Supporting Details**: 1파운드 피망
  → 상점주인: 반 파운드 피망+1파운드 요구

▶ 신호등
  빨간불 - 가시오
  초록불 - 멈추시오

- **Main Idea**: 모든 언어는 명확하고 효율적인 소통을 위해 분명한 일반적 규칙과 원칙들(표준화)을 발전시켜왔다.

대부분의 영어 원어민들은 실제로 정확한 영어로 말하지 않는다. 우리가 보통 정확한 영어로 간주하는 것은 쓰는 표현들을 표준화하는데 도움이 되도록 오랜 시간에 걸쳐 개발해 온 일련의 지침이다. 이러한 표준화는 사용과 편의성의 문제이다. 당신이 야채 판매대에 가서 1파운드의 피망을 요청했고, 상점 주인이 당신에게 반 파운드를 주었지만 1파운드의 값을 청구했다고 가정해보자. 당신이 불평을 했을 때, 그는 "그렇지만 그것이 내가 파운드라고 부르는 것이오."라고 말했다. 만일 모든 사람들이 다른 일련의 기준들을 가지고 있다면 삶은 매우 좌절감을 안겨줄 것이다. 만일 일부 주에서 "가라"는 신호로 빨간 불을 사용하고, "멈추시오"의 신호로 녹색 불을 사용한다면 무슨 일이 일어날지 상상해 봐라. 언어들도 그리 다르지 않다. 모든 문화들에서 언어들은 의사소통을 가능한 분명하고 효율적으로 만들기 위해서 특정 일반적 규칙들과 원칙들을 발전시켜왔다.

정답 ③

☐ standardize 표준화하다
☐ convenience 편의
☐ pepper 후추, 피망
☐ frustrating 좌절감을 안겨주는

08 다음 글의 요지로 가장 적절한 것은?

It might seem that praising your child's intelligence or talent would boost his self-esteem and motivate him. But it turns out that this sort of praise backfires. Carol Dweck and her colleagues have demonstrated the effect in a series of experimental studies: "When we praise kids for their ability, kids become more cautious. They avoid challenges." It's as if they are afraid to do anything that might make them fail and lose your high appraisal. Kids might also get the message that intelligence or talent is something that people either have or don't have. This leaves kids feeling helpless when they make mistakes. What's the point of trying to improve if your mistakes indicate that you lack intelligence?

① 구체적인 칭찬은 아이의 자존감 발달에 도움이 된다.
② 아이의 능력에 맞는 도전 과제를 제시할 필요가 있다.
③ 자신의 잘못을 인정하는 태도는 꾸준한 대화를 통해 길러진다.
④ 아이의 지능과 재능에 대한 칭찬은 아이에게 부정적 영향을 끼친다.

[*Answer & Explanation*]

08 다음 글의 요지로 가장 적절한 것은?

It might seem that **praising your child's intelligence or talent** would boost his self-esteem and motivate him. But it turns out that this sort of praise **backfires**. Carol Dweck and her colleagues have demonstrated the effect in a series of experimental studies: "When we praise kids for their ability, kids become more cautious. They avoid challenges." It's as if they are afraid to do anything that might make them fail and lose your high appraisal. Kids might also get the message that intelligence or talent is something that people either have or don't have. This leaves kids feeling helpless when they make mistakes. What's the point of trying to improve if your mistakes indicate that you lack intelligence?

- **Topic**: 자녀의 지능이나 재능을 칭찬하는 것

- **Main Idea**: 자녀의 지능이나 재능을 칭찬하는 것은 역효과가 있다.

- **Supporting Details**:
Carol Dweck과 동료들의 일련의 실험적 연구들

연구결과 - 부모의 자녀 능력/지능 칭찬
→ 자녀: 신중 / 도전회피

: 실수 → 무력함

당신의 아이의 지능과 재능을 칭찬하는 것은 그의 자존감을 높이고 그에게 동기를 부여하는 것처럼 보일지도 모른다. 그러나 이런 종류의 칭찬은 역효과를 일으키는 것으로 밝혀진다. Carol Dweck과 그녀의 동료들은 일련의 실험적 연구들에서 그 효과를 보여주었다: "우리가 그들의 능력에 대해 아이들을 칭찬할 때, 아이들은 더 조심하게 된다. 그들은 도전을 피한다." 그것은 마치 그들이 자신들을 실패하게 만들고 당신의 높은 평가를 잃게 할지도 모를 어떤 것을 하길 두려워하는 것과 같다. 아이들은 또한 지능이나 재능이 사람들이 가지거나 가지지 못하는 어떤 것이라는 메시지를 받을지도 모른다. 이것은 아이들이 실수했을 때 무력하게 느끼도록 만든다. 만약 당신의 실수가 당신이 지능이 부족하다는 것을 나타낸다면 향상하도록 노력하는 것이 무슨 소용이겠는가?

정답 ④

- □ praise 칭찬하다
- □ intelligence 지능
- □ talent 재능
- □ boost 북돋우다, 증가시키다
- □ self-esteem 자존감
- □ motivate 동기를 부여하다
- □ turn out 판명되다, 밝혀지다
- □ backfire 역효과를 내다
- □ demonstrate 보여주다, 실증하다
- □ cautious 조심스러운, 신중한
- □ avoid 피하다
- □ appraisal 평가
- □ helpless 무력한
- □ indicate 나타내다, 가리키다
- □ what's the point of ~V-ing?
  ~하는 것이 무슨 소용이 있느냐?

09 글의 제목으로 가장 적절한 것은?

After analyzing a mass of data on job interview results, a research team discovered a surprising reality. Did the likelihood of being hired depend on qualifications? Or was it work experience? In fact, it was neither. It was just one important factor: did the candidate appear to be a pleasant person. Those candidates who had managed to ingratiate themselves were very likely to be offered a position; they had charmed their way to success. Some had made a special effort to smile and maintain eye contact. Others had praised the organization. This positivity had convinced the interviewers that such pleasant and socially skilled applicants would fit well into the workplace, and so should be offered a job.

① To Get a Job, Be a Pleasant Person
② More Qualifications Bring Better Chances
③ It Is Ability That Counts, Not Personality
④ Show Yourself As You Are at an Interview

[*Answer & Explanation*]
09 글의 제목으로 가장 적절한 것은?

> After analyzing a mass of data on job interview results, a research team discovered a surprising reality. Did the likelihood of being hired depend on qualifications? Or was it work experience? In fact, it was neither. It was just one important factor: did the candidate appear to be a pleasant person. Those candidates who had managed to ingratiate themselves were very likely to be offered a position; they had charmed their way to success. Some had made a special effort to smile and maintain eye contact. Others had praised the organization. **This positivity had convinced the interviewers that such pleasant and socially skilled applicants would fit well into the workplace, and so should be offered a job.**

- **Topic**: 고용의 가능성
- **Supporting Details**:
  고용가능성 - 자격 × / 근무 경험 ×

  고용가능성 - 유쾌함 ○
  　　　　　미소 & 시선 마주침

- **Main Idea**:
  구직을 원하면 유쾌한 사람이 되라.

취업 면접 결과에 대한 대량의 데이터를 분석한 후, 한 연구팀은 놀라운 현실을 발견했다. 채용 가능성이 자격에 따라 달라졌을까? 아니면 업무 경험이었을까? 사실, 둘 다 아니었다. 그것은 단지 한 가지 중요한 요소였다: 후보자가 유쾌한 사람으로 보이는가? 스스로 환심을 사려고 애썼던 후보들은 일자리를 제안 받을 확률이 컸다; 그들은 매혹시켜서 성공의 길을 갔다. 어떤 이들은 미소 짓고 눈을 마주치기 위해 특별한 노력을 기울였다. 또 다른 사람들은 그 회사를 칭찬했습니다. 이러한 긍정성이 면접관으로 하여금 그렇게 유쾌하고 사회성이 있는 후보자가 조직에 잘 적응할 것이며 따라서 취업을 제안 받아야 한다고 확신하도록 했다.

☐ analyze 분석하다
☐ likelihood 가능성
☐ depend on ~에 달려있다; ~에 의존하다
☐ qualification 자질, 자격
☐ ingratiate 환심을 사다
☐ charm 매혹하다
☐ maintain 유지하다; 주장하다; 부양하다

① 직장을 구하기 위해, 즐거운 사람이 되라
② 더 많은 자격증이 더 많은 기회를 가져 온다
③ 중요한 것은 능력이지 성격이 아니다
④ 면접에서 있는 그대로의 모습을 보여주기

정답 ①

10 Abby Kelley Foster에 관한 다음 글의 내용과 일치하지 않는 것은?

Born in Massachusetts to a Quaker farm family, Abby Kelley Foster was the seventh daughter in a time when farmers prayed for boys. She was raised in the town of Worcester, completed grammar school, and was one of the rare girls to go on to higher education, at a Quaker school in Providence, Rhode Island. She alternated studying with spells of teaching children to earn her way. Hearing a lecture on slavery by William Lloyd Garrison changed the course of her life. While teaching in Lynn, Massachusetts, she joined the local female antislavery society and soon became a paid lecturer for the Abolition Movement. She married Stephen S. Foster in 1845, and they often traveled together as abolitionist speakers. They worked their farm in Worcester and made it a haven for fugitive slaves.

① 농가의 일곱 번째 딸로 태어났다.
② 문법학교를 마쳤지만 고등교육을 받지 못하였다.
③ 노예제도에 관한 강연을 듣고 그녀의 인생이 바뀌었다.
④ Worcester에서 남편과 함께 농장을 운영하였다.

정수현 영어 독해 이론 [Text Structure and Pattern]

[***Answer & Explanation***]
10 Abby Kelley Foster에 관한 다음 글의 내용과 일치하지 않는 것은?

Born in Massachusetts to a Quaker farm family, Abby Kelley Foster was the seventh daughter in a time when farmers prayed for boys. She was raised in the town of Worcester, completed grammar school, and was one of the rare girls to go on to higher education, at a Quaker school in Providence, Rhode Island. She alternated studying with spells of teaching children to earn her way. Hearing a lecture on slavery by William Lloyd Garrison changed the course of her life. While teaching in Lynn, Massachusetts, she joined the local female antislavery society and soon became a paid lecturer for the Abolition Movement. She married Stephen S. Foster in 1845, and they often traveled together as abolitionist speakers. They worked their farm in Worcester and made it a haven for fugitive slaves.

- **Topic**: Abby Kelley Foster
- **Supporting Details**:
  아들 선호시대 농가 7번째 딸로 출생

  문법학교 졸업

  고등교육 마무리한 드문 사례

  자립위해 학업+아이들 가르치기

  노예제도에 관한 강연 → 인생경로 변경

  지역 여성 노예반대운동 모임 가입
  노예폐지운동 임금 받는 강연자

  Stephen S. Foster와 결혼
  노예제 폐지 연설가로 함께 순회
  남편과 농장 운영

- **Main Idea**: Abby Kelley Foster의 일대기

Massachusetts의 Quaker 농가에서 태어난 Abby Kelly Foster는 농부들이 아들을 낳기 위해 기도하는 시대에 7번째 딸로 태어났다. 그녀는 Worcester의 마을에서 자라났으며, 문법학교를 마쳤고, Rhode Island, Providence에 있는 Quaker 학교에서 고등교육으로 이어나간 매우 드문 여학생들 중 한명이었다. 그녀는 자립하여 살아가기 위해 학업과 아이들을 가르치는 일을 번갈아 했다. William Lloyd Garrison의 노예제도에 관한 강연을 듣고 그녀의 인생의 경로가 바뀌었다. Massachusetts의 Lynn에서 가르치는 일을 하면서 그녀는 지역 여성 반대노예 모임에 가입했고, 곧 노예폐지운동을 위한 임금을 받는 강연자가 되었다. 그녀는 1845년에 Stephen S. Foster와 결혼했고 그들은 종종 노예폐지 연설가로서 함께 순회했다. 그들은 Worcester에서 농장을 일구었고 그곳을 도망 다니는 노예들을 위한 피난처로 만들었다.

정답 ②

☐ farm family 농가
☐ grammar school 중등학교
☐ alternate 번갈아 하다
☐ spell 한동안, 한동안의 활동, 마법, 주문
☐ earn one's way 자립하여 살아가다
☐ antislavery 반노예
☐ abolition movement 노예폐지 운동
☐ abolitionist speaker 노예폐지 연설가
☐ haven 피난처, 안식처
☐ fugitive 도망자, 탈주자

Practice Test - 지문구조 Mapping

11 다음 밑줄 친 단어가 가리키는 대상이 나머지 셋과 다른 것은?

Have you heard the story of "The Scorpion and the Frog" A frog comes upon a scorpion and pleads for his life. The scorpion says he will not kill the frog if the frog takes ①him across the river. The frog asks, "How do I know you won' kill ②me as I carry you?" The scorpion replies, "If I were to strike you, we would both surely die."Thinking it over, the frog agrees and halfway across the river the scorpion strikes the frog in the back. As they both start to drown, the frog asks, "Why did ③you strike me? Now we will both die." The scorpion replies with his last breath, "Because it is in ④my nature that I cannot control."

[Answer & Explanation]

11 다음 밑줄 친 단어가 가리키는 대상이 나머지 셋과 다른 것은?

Have you heard the story of "The Scorpion and the Frog" A frog comes upon a scorpion and pleads for his life. The scorpion says he will not kill the frog if the frog takes ①him across the river. The frog asks, "How do I know you won' kill ②me as I carry you?" The scorpion replies, "If I were to strike you, we would both surely die."Thinking it over, the frog agrees and halfway across the river the scorpion strikes the frog in the back. As they both start to drown, the frog asks, "Why did ③you strike me? Now we will both die." The scorpion replies with his last breath, "Because it is in ④my nature that I cannot control."

- **Topic**: 전갈과 개구리의 이야기

- **Supporting Details**:
개구리가 전갈을 만나 목숨을 빌었다

전갈약속: 강을 건네주면 살려 주겠다

개구리: 동의

전갈: 강을 반쯤 건넜을 때 개구리 공격

전갈과 개구리: 익사위험

개구리질문: 왜?

전갈대답: 어찌할 수 없는 나의 본능

당신은 '전갈과 개구리'의 이야기를 들어본 적이 있나요? 개구리가 우연히 전갈을 만나서 그의 목숨을 빌었다. 전갈이 말하기를 만일 개구리가 <u>그가(전갈)</u> 강을 건너는 것을 도와준다면 개구리를 죽이지 않을 것이라고 했다. 개구리가 물었다. "내가 너를 건네주는 동안 네가 <u>나를(개구리)</u> 죽이지 않을 거라는 걸 어떻게 알아?" 전갈이 대답한다. "만약 내가 너를 공격하면, 우리는 분명 둘 다 죽을 거야." 다시 한 번 생각한 후에 개구리는 동의하고, 강을 반쯤 건넜을 때 전갈이 개구리의 등을 찌른다. 둘 다 물에 빠지기 시작하면서 개구리가 묻는다. "<u>너(전갈)</u>는 왜 나를 공격했니? 이제 우리 둘 다 죽을 거야." 전갈이 마지막 숨을 쉬며 대답한다. "왜냐하면 그것이 나도 어찌할 수 없는 <u>나의(전갈)</u>의 본성이기 때문이야."

정답 ②

- □ scorpion 전갈
- □ come upon 우연히 만나다, 발견하다
- □ plead for ~을 호소하다
- □ strike 공격하다
- □ drown 익사하다

12 밑줄 친 he(his) 중 가리키는 대상이 나머지 셋과 다른 것은?

On October 21, 1984, President Ronald Reagan and his challenger, former Vice President Walter Mondale, held the second of two nationally televised presidential debates in the run-up to the presidential election. President Reagan remained popular, but his support was softening in light of growing concerns about ①his age (he was 73 at the time of the debate). His poor performance in the previous debate, three weeks earlier, had opened the door to questions about ②his mental fitness. When the moderator asked him if age was a concern in the election, he famously replied that ③he would not make age an issue of that campaign. Reagan said, "I am not going to exploit, for political purposes, my opponent's youth and inexperience." Mondale, not exactly a spring chicken at fifty-six, later commented that he knew at that very moment ④he had lost the campaign.

정수현 영어 독해 이론 [Text Structure and Pattern]

[**Answer & Explanation**]

12 밑줄 친 he(his) 중 가리키는 대상이 나머지 셋과 다른 것은?

On October 21, 1984, President Ronald Reagan and his challenger, former Vice President Walter Mondale, held the second of two nationally televised presidential debates in the run-up to the presidential election. President Reagan remained popular, but his support was softening in light of growing concerns about ①his age (he was 73 at the time of the debate). His poor performance in the previous debate, three weeks earlier, had opened the door to questions about ②his mental fitness. When the moderator asked him if age was a concern in the election, he famously replied that ③he would not make age an issue of that campaign. Reagan said, "I am not going to exploit, for political purposes, my opponent's youth and inexperience." Mondale, not exactly a spring chicken at fifty-six, later commented that he knew at that very moment ④he had lost the campaign.

- **Topic**:
  레이건과 먼데일의 두 번째 TV 대선토론

- **Supporting Details**:
  ▶ 레이건
   - 여전히 인기
   - 고령 나이 73세 우려 증가

   - 3주 전 1차 TV 대선토론 성과 bad
   - 정신건강에 대한 우려 증가

   - 사회자 나이 이슈 질문

  ▶ 레이건 대답

  먼데일 대선 패배 직감

1984년 10월 21일에 Ronald Reagan 대통령과 그의 경쟁자 전부통령 Walter Mondale은 대선에 앞서 전국적으로 TV방영되는 2번의 대선토론 중 두 번째를 가졌다. Reagan대통령은 인기가 있었지만 ①그(Regan)의 나이에 관한 증가하는 우려 때문에 그의 지지가 약해지고 있었다. (그는 토론 당시 73세였다) 3주 전 이전 토론에서 그의 좋지 못한 성과로 ②그(Regan)의 정신 건강에 대한 우려가 시작됐었다. 사회자가 그에게 대선에서 나이가 문제가 되느냐고 물어봤을 때, 그의 유명한 대답이 나왔다. ③그(Regan)는 나이를 선거 운동의 이슈로 삼지 않을 것이라고 Reagan이 말했다. "나는 정치적인 목적으로 내 경쟁자의 젊음과 경험부족을 이용하지 않을 것입니다. Mondale은 56세로 햇병아리는 아니었다. 그는 바로 그 순간 ④그(Mondale)가 선거에서 졌다는 것을 알았다고 나중에 논평했다.

정답 ④

- ☐ run-up 준비(기간), 전 단계
- ☐ in light of ~을 고려하여
- ☐ fitness 건강
- ☐ moderator 사회자, 중재자
- ☐ inexperience 경험부족, 미숙
- ☐ spring chicken 햇병아리
- ☐ comment 논평하다

13 다음 글을 요약한 문장에서 빈칸 ㉠, ㉡에 들어갈 가장 적절한 것은?

Look at the following list of numbers: 4, 8, 5, 3, 9, 7, 6. Read them out loud and memorize that sequence. If you speak English, you have about a 50 percent chance of remembering that perfectly. If you're Chinese, though, you're almost certain to get it right every time. This is because pronouncing them in Chinese takes shorter time. In addition, the number-naming systems are in Western and Asian languages. In English, for example, they say fourteen and sixteen, so one might expect that they would also say oneteen and twoteen. But they don't. The number system in English is irregular. In contrast, Asians have logical counting systems. Those differences mean that Asian children learn to count much faster and perform basic functions better than Western children.

⇩

Being good at ㉠_____ may be rooted in the different ㉡_____ systems.

	㉠	㉡
①	pronunciations	counting
②	mathematics	language
③	languages	name
④	logic	culture

[*Answer & Explanation*]

13 다음 글을 요약한 문장에서 빈칸 ㉠, ㉡에 들어갈 가장 적절한 것은?

Look at the following list of numbers: 4, 8, 5, 3, 9, 7, 6. Read them out loud and memorize that sequence. If you speak English, you have about a 50 percent chance of remembering that perfectly. If you're Chinese, though, you're almost certain to get it right every time. This is because pronouncing them in Chinese takes shorter time. In addition, the number-naming systems are in Western and Asian languages. In English, for example, they say fourteen and sixteen, so one might expect that they would also say oneteen and twoteen. But they don't. The number system in English is irregular. In contrast, Asians have logical counting systems. Those differences mean that Asian children learn to count much faster and perform basic functions better than Western children.

⇩

Being good at ㉠_____ may be rooted in the different ㉡_____ systems.

- **Supporting Details**:
  ▶ 숫자 읽고 순서 기억 확률
  　영어사용자 - 50%
  　중국인 - 100%

  ▶ 차이 원인
  　1) 중국어 숫자 발음 더 짧아
  　2) 영어 - 불규칙한 숫자체계
  　3) 아시아 언어 - 논리적 숫자체계

  ▶ 결과
  　아시아 어린이 숫자 학습속도 >
  　서구 어린이 숫자 학습속도

- **Topic**: 수학을 잘하는 원인

- **Main Idea**:
  수학을 잘하는 것은 서로 다른 언어 체계가 원인일 수 있다.

다음의 숫자들을 보라: 4, 8, 5, 3, 9, 7, 6. 그 숫자들을 큰소리로 읽고 그 순서대로 기억하라. 만일 당신이 영어를 사용한다면 당신은 그것을 완벽하게 기억하는 50%의 가능성을 가지고 있다. 그러나 당신이 중국인이라면 그것을 매번 올바르게 할 것이다. 이것은 중국어로 숫자를 발음하는 것이 더 짧은 시간이 걸리기 때문이다. 또한 서구와 아시아의 언어에는 숫자에 이름을 붙이는 체계가 있다. 예를 들어서 영어에는 fourteen, sixteen이라고 말한다. 그래서 누군가는 oneteen, twoteen 이라고 말하지 않을까 예상할 수도 있다. 그러나 그렇지 않다. 영어에서 숫자체계는 불규칙하다. 반면 아시아는 논리적으로 숫자를 세는 체계를 가지고 있다. 그러한 차이가 의미하는 바는 아시아 아이들이 서구의 아이들보다 훨씬 빠르게 숫자를 세는 것을 배우며, 기본적인 기능들을 훨씬 더 잘 수행한다.

⇩

㉠수학을 잘하는 것은 서로 다른 ㉡언어 체계가 원인일 수 있다.

　　　㉠　　　㉡
① 발음　　계산
② 수학　　언어
③ 언어들　이름
④ 논리　　문화

☐ read out ~을 소리 내어 읽다
☐ sequence 연속적인 숫자들
☐ irregular 불규칙한
☐ in contrast 반면에
☐ be good at ~에 능숙하다
☐ be rooted in ~에 원인이 있다

정답 ②

14 다음 글의 제목으로 가장 적절한 것을 고르시오.

The American anthropologist Margaret Mead once said, "Never doubt that a small group of thoughtful, committed citizens can change the world. Indeed, it is the only thing that ever has." This same concept was echoed by Kelly Johnson: "The number of people having any connection with the project must be restricted in an almost vicious manner." There are pretty good reasons for these opinions. Large or even medium-sized groups — corporations, movements, whatever — aren't built to be flexible, nor are they willing to take large risks. Such organizations are designed to make steady progress and have considerably too much to lose to place the big bets that certain breakthroughs require. Fortunately, this is not the case with small groups. With no bureaucracy, little to lose, and a passion to prove themselves, when it comes to innovation, small teams consistently outperform larger organizations.

① Don't Let Relationships Bind You
② Risks: The Chance to Make Groups Grow
③ Size Matters! The Bigger, the More Efficient
④ Why Small Teams Surpass Their Bigger Counterparts

정수현 영어 독해 이론 [Text Structure and Pattern]

[Answer & Explanation]

14 다음 글의 제목으로 가장 적절한 것을 고르시오.

The American anthropologist Margaret Mead once said, "Never doubt that a small group of thoughtful, committed citizens can change the world. Indeed, it is the only thing that ever has." This same concept was echoed by Kelly Johnson: "The number of people having any connection with the project must be restricted in an almost vicious manner." There are pretty good reasons for these opinions. Large or even medium-sized groups — corporations, movements, whatever — aren't built to be flexible, nor are they willing to take large risks. Such organizations are designed to make steady progress and have considerably too much to lose to place the big bets that certain breakthroughs require. Fortunately, this is not the case with small groups. With no bureaucracy, little to lose, and a passion to prove themselves, when it comes to innovation, small teams consistently outperform larger organizations.

인류학자인 Margaret Mead의 말
- **Main Idea**: 사려 깊고 헌신적인 시민들로 이루어진 소집단이 세상을 바꿀 수 있다

Kelly Johnson
- **Main Idea**: 프로젝트에 조금이라도 관련되어 있는 사람들의 수는 거의 심하다 싶을 정도로 제한되어야 한다

- **Supporting Details**:
크거나 중간 크기의 집단
- 유연성 ×, 위험 무릅쓰지 않아

소집단
- 관료주의 ×, 잃을 것 ×, 본인입증열정 O

- **Topic**: 소집단
- **Main Idea**: 혁신에 관한 한, 소집단은 더 큰 조직보다 일관되게 더 높은 기량을 발휘한다.

미국의 인류학자인 Margaret Mead는 "사려 깊고 헌신적인 시민들로 이루어진 소집단이 세상을 바꿀 수 있다는 것을 절대 의심하지 마라. 정말로 그것이 여태까지 그래왔던 유일한 것이다."라고 말한 적이 있다. 이와 같은 개념은 Kelly Johnson에 의해서도 되풀이되었다. "프로젝트에 조금이라도 관련되어 있는 사람들의 수는 거의 심하다 싶을 정도로 제한되어야 한다." 이러한 의견들에 대한 꽤 그럴듯한 이유가 있다. 회사든 (사회)운동조직이든 무엇이든지 간에 크거나 심지어 중간 크기의 집단들은 유연하도록 만들어지지 않았고, 기꺼이 큰 위험을 무릅쓰지도 않는다. 그러한 조직들은 점진적으로 나아가도록 만들어져 있으며, 어떤 획기적 발전에 필요한 큰 내기를 하기에는 잃을 것이 너무나도 많다. 다행히도 이것은 소집단에는 해당하지 않는다. 관료주의가 없고, 잃을 것도 별로 없으며, 자신들을 입증하고자 하는 열정을 갖고 있어서, 혁신에 관한 한, 소집단은 더 큰 조직보다 일관되게 더 높은 기량을 발휘한다.

① 관계에 얽매이지 않기
② 위험: 그룹을 성장시킬 수 있는 기회
③ 크기가 중요하다! 규모가 클수록 효율성 향상
④ 소규모 팀이 대규모 팀을 능가하는 이유

- anthropologist 인류학자
- doubt 의심하다
- thoughtful 사려 깊은
- committed 헌신적인
- concept 개념
- echo 메아리치다, 되풀이하다
- restrict 제한하다
- vicious 심한, 잔인한, 사나운
- cooperation 회사
- movement (사회) 운동
- flexible 유연한
- take risk 위험을 무릅쓰다
- steady 꾸준한, 변함없는
- progress 발전
- considerably 상당히
- breakthrough 획기적인 발전
- require 요구하다
- bureaucracy 관료제도
- innovation 혁신
- consistently 일관적으로, 지속적으로
- outperform 더 나은 결과를 내다, 능가하다

정답 ④

15 글의 요지로 가장 알맞은 것은?

The French philosopher, Rene Descartes, wrote, "The reading of all good books is like a conversation with all the finest men of past centuries." American humorist Will Rogers observed, "A man only learns in two ways, one by reading, and the other by association with smarter people." People have always appreciated the educational value of reading, but recent research also suggests that reading habits can have an effect on our wallets as well. One study found that children and adolescents who had strong reading habits were more likely to be successful as adults. Another study found that people from low-income backgrounds who liked to read as children and adolescents were more likely to increase their financial and social position when they became adults than those who did not. According to a United States government survey on reading in 2002, levels of income correlated very strongly with reading habits: people who read a lot tended to have higher incomes than people who did not read often. The American Success Institute lists reading as a key component in 'mastering life,' their tenth principle of success.

① Reading is overly appreciated in educational institutions.
② Reading can have a significant effect on one's income.
③ Reading can be an effective way to develop communication skills.
④ Reading is the best way to become knowledgeable in social studies.

[*Answer & Explanation*]
15 글의 요지로 가장 알맞은 것은?

The French philosopher, Rene Descartes, wrote, "The reading of all good books is like a conversation with all the finest men of past centuries." American humorist Will Rogers observed, "A man only learns in two ways, one by reading, and the other by association with smarter people." People have always appreciated the educational value of reading, but recent research also suggests that **reading habits can have an effect on our wallets as well**. One study found that children and adolescents who had strong reading habits were more likely to be successful as adults. Another study found that people from low-income backgrounds who liked to read as children and adolescents were more likely to increase their financial and social position when they became adults than those who did not. According to a United States government survey on reading in 2002, levels of income correlated very strongly with reading habits: people who read a lot tended to have higher incomes than people who did not read often. The American Success Institute lists reading as a key component in 'mastering life,' their tenth principle of success.

- **Supporting Details**:
  ① 르네 데카르트
     - 읽기는 과거 선인들과의 대화
  ② 윌 로저스
     - 읽기와 현인들과의 유대 → 학습
- **Topic**: 읽기 습관
- **Main Idea**:
  읽기습관은 지갑에도 영향을 미친다.
- **Supporting Details**:
  ③ 한 연구
     - 강한 읽기습관 아동+청소년 → 성인: 성공
  ④ 또 다른 연구
     - 저소득 배경+읽기습관
        → 성인: 더 높은 재정적 & 사회적 지휘
  ⑤ 미국정부설문조사
     - 소득수준과 읽기 습관의 강한 상관관계
  ⑥ 미국성공연구소
     - 읽기: 성공의 10번째 원칙

프랑스의 철학자인 Rene Descartes는 "모든 훌륭한 책들을 읽는 것은 지난 세기들의 모든 가장 훌륭한 사람들과 대화하는 것과 같다"라고 썼다. 미국의 유머작가 Will Roger는 "인간은 오직 두 가지 방식으로 배운다. 그 하나가 읽기이고, 그리고 다른 하나는 더 똑똑한 사람들과 유대하는 것"이라고 말했다. 사람들은 언제나 읽기의 교육적 가치를 인정해왔지만 최근의 연구를 통해 보여주는 것은 읽는 습관이 우리의 지갑에도 영향을 줄 수 있다는 것이다. 한 연구를 통해 탄탄한 읽기 습관을 가진 아동들과 청소년들은 성인이 되어서 성공할 가능성이 더 크다는 것이다. 다른 연구에서는 아동기와 청소년기에 읽기 좋아했던 저소득 배경의 사람들은 그들이 어른이 됐을 때 그렇지 않은 사람들에 비해 그들의 경제적, 사회적 위치가 더 높아질 가능성이 크다는 것이 밝혀졌다. 2002년 읽기에 관한 미국 정부의 조사에 따르면, 소득의 수준과 읽기의 습관이 아주 밀접하게 관련되어 있다. 많은 책을 읽는 사람들은 자주 읽지 않은 사람들보다 더 높은 소득을 가진 경향이 있었다. 미국 성공 연구소는 읽기를 삶을 성공적으로 살아가는 데 있어 핵심요소로 간주하며, 성공을 위한 열 번째 원칙으로 본다.

☐ philosopher 철학자
☐ humorist 유머작가
☐ observe 관찰하다; 준수하다
☐ association 협회; 연관, 연상, 연계, 유대
☐ appreciate 인정하다, 인식하다, 감사하다
☐ wallet 지갑 survey 설문조사
☐ correlate 연관성이 있다
☐ principle 원칙
☐ overly 너무, 몹시

① 독서는 교육 기관에서 지나치게 높이 평가된다.
② 독서는 수입에 상당한 영향을 미칠 수 있다.
③ 독서는 의사소통 기술을 발전시키는 효과적인 방법이 될 수 있다.
④ 독서는 사회에서 지식을 얻는 가장 좋은 방법입니다.

정답 ②

16 다음 글의 제목으로 가장 적절한 것은?

Even though media coverage of sports is carefully edited and represented in total entertainment packages, most of us believe that when we see a sport event on television, we are seeing it "the way it is." We don't usually think that what we see, hear, and read is a series of narratives and images selected for particular reasons and grounded in the social worlds and interests of those producing the event, controlling the images, and delivering the commentary. Television coverage provides only one of many possible sets of images and narratives related to an event, and there are many images and messages that audiences do not receive. If we went to an event in person, we would see something quite different from the images selected and presented on television, and we would develop our own descriptions and interpretations, which would be very different from those carefully presented by media commentators.

① Televised Sports: A Partial Reflection of a Sports Event
② How Media Limits the Popularity of Some Sports
③ Can We Get Better at Sports Just by Watching?
④ Sports Can Tear Down Social Barriers

[Answer & Explanation]

16 다음 글의 제목으로 가장 적절한 것은?

Even though media coverage of sports is carefully edited and represented in total entertainment packages, most of us believe that when we see a sport event on television, we are seeing it "the way it is." We don't usually think that what we see, hear, and read is a series of narratives and images selected for particular reasons and grounded in the social worlds and interests of those producing the event, controlling the images, and delivering the commentary. **Television coverage provides only one of many possible sets of images and narratives related to an event, and there are many images and messages that audiences do not receive.** If we went to an event in person, we would see something quite different from the images selected and presented on television, and we would develop our own descriptions and interpretations, which would be very different from those carefully presented by media commentators.

- **Topic**: 미디어의 스포츠 보도

- **Supporting Details**: 스포츠 보도 내용
  - 신중하게 편집
  - 경기제작, 이미지 통제, 해설 제공하는 사람들의 사회와 이해관계에 따라 편집

- **Main Idea**: 미디어의 스포츠 보도는 시청자에게 경기와 관련된 오직 일부의 이미지와 해설을 제공할 뿐이다.

현장에서 경기 시청 - 다른 해석

미디어의 스포츠 보도가 신중하게 편집되고 완성된 오락 프로그램으로 제시됨에도 불구하고, 우리 중 대부분은 텔레비전에서 한 스포츠 행사를 시청할 때 그것을 '있는 그대로' 보고 있다고 믿는다. 우리는 일반적으로 우리가 보고, 듣고, 읽는 것이 특정한 이유로 선택되고, 그 행사를 제작하고 그 이미지를 통제하며 해설을 전달하는 사람들이 속한 사회와 이해관계에 기반하고 있는 일련의 이야기와 이미지라고 생각하지 않는다. 텔레비전을 통한 보도는 어떠한 행사와 관련된 여러 가지 가능한 일련의 이미지와 이야기 중 하나만 제공하며, 시청자들이 전달받지 '못하는' 많은 이미지와 메시지가 있다. 만약 우리가 한 (스포츠) 행사에 직접 간다면, 우리는 선택되어 텔레비전에 제시되는 이미지와는 상당히 다른 무언가를 보게 될 것이며 미디어 해설자에 의해 신중하게 제시되는 것과는 매우 다른 우리만의 묘사와 해석을 하게 될 것이다.

① TV로 중계되는 스포츠: 스포츠 행사의 부분적인 반영
② 미디어가 일부 스포츠의 인기를 제한하는 방법
③ 보는 것만으로 스포츠를 더 잘 할 수 있을까?
④ 스포츠는 사회적 장벽을 허물 수 있다

- ☐ media coverage 미디어 보도
- ☐ carefully 신중하게, 꼼꼼히
- ☐ edit 편집하다
- ☐ represent 나타내다, 의미하다; 대표하다
- ☐ entertainment 오락(물), 여흥
- ☐ narrative 이야기
- ☐ particular 특정한
- ☐ deliver 나르다, 전달하다
- ☐ commentary 해설
- ☐ interest 이해관계
- ☐ grounded in(on) ~에 근거를 둔
- ☐ in person 직접, 몸소
- ☐ commentator 해설자
- ☐ description 묘사
- ☐ interpretation 해석
- ☐ develop 성장하다, 발달시키다; 개발하다
- ☐ partial 부분적인, 불완전한
- ☐ reflection 반영, 반사; 상(모양)
- ☐ popularity 인기

정답 ①

17 글의 제목으로 가장 적절한 것을 고르시오.

> Alchemy was practiced in many different cultures around the world, including ancient China, the early Arab world, and medieval Europe. Up until the late 18th century, alchemy was considered one of the most important physical sciences. Alchemists would experiment with the combination of different elements to produce new elements. The desire to turn base metals into gold or to create a potion to extend life became unhealthy obsessions for many alchemists. This mingling of greed and science led to permanent damage to alchemy's reputation. Ultimately, alchemists never achieved their goals of turning metals into gold or finding a magic potion to extend life. Their real successes, however, were in learning about chemistry and physics. In their search for other things, they discovered many useful chemicals and invented scientific processes that we still use today. For example, they invented gunpowder, they learned how to test and refine chemicals, and they created inks, dyes, paints, make-up, glass and ceramics. So, as spin-offs of their research, their work gave us many useful products and ideas.

① Alchemy: the Mixture of Greed and Science
② Why People are Crazy about Gold
③ The Bright and Dark sides of Alchemy
④ The Origin and History of Alchemy

[*Answer & Explanation*]
17 글의 제목으로 가장 적절한 것을 고르시오.

> Alchemy was practiced in many different cultures around the world, including ancient China, the early Arab world, and medieval Europe. Up until the late 18th century, alchemy was considered one of the most important physical sciences. Alchemists would experiment with the combination of different elements to produce new elements. The desire to turn base metals into gold or to create a potion to extend life became unhealthy obsessions for many alchemists. This mingling of greed and science led to permanent damage to alchemy's reputation. Ultimately, alchemists never achieved their goals of turning metals into gold or finding a magic potion to extend life. Their real successes, however, were in learning about chemistry and physics. In their search for other things, they discovered many useful chemicals and invented scientific processes that we still use today. For example, they invented gunpowder, they learned how to test and refine chemicals, and they created inks, dyes, paints, make-up, glass and ceramics. So, as spin-offs of their research, their work gave us many useful products and ideas.

- **Topic**: 연금술

- **Supporting Details**:
  ▶ 18세기까지 연금술
    (+) 가장 중요한 자연과학

  ▶ 탐욕과 연금술의 뒤섞임
    (-) 금, 마법의 묘약

  ▶ 연금술의 진정한 성공
    (+) 화학과 물리학의 발달

- **Main Idea**: 연금술의 밝은 면과 어두운 면들

연금술은 고대 중국, 초기 아랍세계, 그리고 중세 유럽을 포함해서 전 세계적으로 많은 다른 문화들에서 실행되었다. 18세기 후반까지 연금술은 가장 중요한 자연과학들 중 하나로 간주되었다. 연금술사들은 새로운 성분을 만들기 위해서 다른 성분들을 섞는 실험을 했었다. 비금속을 금으로 전환하기 위한 욕망과 생명을 연장하기 위한 마법의 묘약을 만들기 위한 욕망에 많은 연금술사들이 과도하게 집착하게 되었다. 이렇게 탐욕과 과학이 뒤섞여서 연금술의 명성에 영구적인 해를 끼치게 되었다. 결국, 연금술사들은 비금속을 금으로 만들거나 생명을 연장하기 위한 마법의 묘약을 찾는데 실패했다. 그들의 성공은, 그러나, 화학과 물리학에 있어서 알아낸 것들에 있었다. 다른 것들을 찾는 과정에서 그들은 많은 유용한 화학물질들을 발견했고, 우리가 여전히 현재에도 사용하는 과학적 과정들을 창조해 냈다. 예를 들어 그들은 화약을 만들어 냈으며, 화학물질들을 어떻게 실험하고 정제하는지를 알게 되었고, 잉크, 염료, 물감, 화장품, 유리, 그리고 도자기를 만들어 냈다. 결국 그들 연구의 파생효과로서 그들의 연구는 우리에게 많은 유용한 제품들과 아이디어들을 주었다.

① 연금술: 탐욕과 과학의 혼합물
② 사람들이 금에 열광하는 이유
③ 연금술의 밝은 면과 어두운 면
④ 연금술의 기원과 역사

□ alchemy 연금술
□ physical science 자연과학
□ base metal 비금속
□ potion (마법의) 묘약
□ extend 연장하다
□ obsession 집착
□ mingle 섞다
□ greed 욕심
□ permanent 영구적인
□ reputation 명성
□ gunpowder 화약
□ refine 정제하다
□ dye 염색제, 염료; 염색하다
□ ceramic 도자기
□ spin-off 파생효과, 파생상품

정답 ③

18 다음 글의 내용과 일치하는 것은?

A story in the Washington Post reported that teenagers are aggressively updating their accounts on Instagram and deleting old photos that either did not get many likes or no longer were wanted on their profiles. But when users delete old posts, that alters their page views and engagement time stats, skewing the data that Instagram is trying to monetize. The less accurate their data, the fewer opportunities there are to sell advertising. Desperate to stop users from deleting the data its business model depends on, Instagram introduced a feature that allows users to archive their old images instead of deleting them.

① Instagram tries to profit from users' data
② Adolescent Instagram users are indifferent to getting likes
③ Instagram does not have an image archiving function
④ When Instagram posts are deleted, the engagement time stats remain constant.

정수현 영어 독해 이론 [Text Structure and Pattern]

[*Answer & Explanation*]
18 다음 글의 내용과 일치하는 것은?

> A story in the Washington Post reported that teenagers are aggressively updating their accounts on Instagram and deleting old photos that either did not get many likes or no longer were wanted on their profiles. But when users delete old posts, that alters their page views and engagement time stats, skewing the data that Instagram is trying to monetize. The less accurate their data, the fewer opportunities there are to sell advertising. Desperate to stop users from deleting the data its business model depends on, Instagram introduced a feature that allows users to archive their old images instead of deleting them.

- **Topic**:
  인스타그램에 대한 워싱턴 포스트 보도
- **Supporting Details**:
  십대들 - 계정 내 좋아요 없거나 원치 않는 사진들 적극적으로 삭제

  사진 삭제
  → 페이지 뷰와 참여시간 통계 변화
  → 데이터 왜곡(인스타그램 수입원)

  데이터 부정확성 → 광고판매기회 감소

  인스타그램
  - 사진 삭제대신 보관 가능한 기능 도입

- **Main Idea**: 인스타그램은 수입을 보존하기 위해 수입원인 이미지 데이터를 삭제하는 대신 보관 가능한 기능을 도입했다.

워싱턴 포스트의 한 기사는 십대들이 그들의 인스타그램 계정을 공격적으로 업데이트하고 있으며, 그들의 프로필에 많은 좋아요가 없거나 혹은 더 이상 원하지 않는 오래된 사진들을 지우고 있다고 보도했다. 그러나 사용자들이 오래된 게시물을 삭제하면, 페이지 뷰(웹사이트 내 각 페이지의 방문 횟수)와 참여시간통계량이 바뀌어서 인스타그램이 수입원으로 삼고자하는 데이터가 왜곡된다. 사용자들의 데이터가 부정확할수록 광고를 판매할 기회가 적어진다. 자신의 사업 모델이 의존하고 있는 데이터를 사용자가 삭제하는 것을 필사적으로 막으려고 인스타그램은 사용자가 오래된 이미지를 삭제하는 대신 그것들을 보관할 수 있는 기능을 소개했다.

① 인스타그램은 사용자의 데이터로부터 이익을 얻으려고 노력한다
② 청소년 인스타그램 사용자들은 좋아요를 얻는 것에 무관심하다
③ 인스타그램에는 이미지 보관 기능이 없다
④ 인스타그램 게시물이 삭제되어도 작업 시간 통계는 일정하게 유지된다.

정답 ①

- ☐ aggressively 공격적으로, 적극적으로
- ☐ delete 삭제하다
- ☐ alter 변하다, 바꾸다
- ☐ engagement 관계, 참여; 약속, 업무; 약혼
- ☐ stat 통계량
- ☐ skew 왜곡하다
- ☐ monetize
  화폐(통화)로 삼다, 화폐로 주조하다
- ☐ accurate 정확한
- ☐ desperate 필사적인
- ☐ feature 기능
- ☐ archive 보관하다, 아카이브에 수록하다

19 다음 글의 제목으로 가장 적절한 것을 고르시오.

China, the world's second-largest economy, is likely to dominate many of the key emerging technologies, particularly artificial intelligence, synthetic biology and genetics within a decade or so, according to Western intelligence assessments. Nicolas Chaillan, the Pentagon's first chief software office who resigned in protest against the slow pace of technological transformation in the US military, said the failure to respond was putting the US at risk. "We have no competing fighting chance against China in 15 or 20 years. Right now, it's already a done deal; it is already over in my opinion. Whether it takes a war or not is kind of anecdotal."

① US Advances China in Technology
② China and US compete for Software Technology
③ China Is to Win Technology Battle with US
④ China Dominates World Economy

정수현 영어 독해 이론 [Text Structure and Pattern]

[**Answer & Explanation**]

19 다음 글의 제목으로 가장 적절한 것을 고르시오.

China, the world's second-largest economy, is likely to dominate many of the key emerging technologies, particularly artificial intelligence, synthetic biology and genetics within a decade or so, according to Western intelligence assessments. Nicolas Chaillan, the Pentagon's first chief software office who resigned in protest against the slow pace of technological transformation in the US military, said the failure to respond was putting the US at risk. "We have no competing fighting chance against China in 15 or 20 years. Right now, it's already a done deal; it is already over in my opinion. Whether it takes a war or not is kind of anecdotal."

- **Topic**: 중국

- **Main Idea**: 중국은 미국과의 기술경쟁에서 승리할 것이다.

- **Supporting Details**:
펜타곤 최고 책임자 니콜라스 차일란 의견
- 미군의 느린 기술변화 속도에 항의/사임

- 15년~20년 내 중국과 경쟁기회 ×

- 이미 기정사실

서구정보평가에 따르면 세계 제 2의 경제 대국인 중국은 10여년 안에 인공지능, 합성 생물학, 그리고 유전학과 같은 많은 최신 기술들을 지배할 것으로 보인다. 미군의 느린 기술변화속도에 항의하여 사임한 미 국방부의 최고 소프트웨어 책임자인 Chaillan이 말하기를 대응을 제대로 하지 못한 것이 미국을 위험에 빠뜨리고 있다. "우리는 향후 15년 내지 20년 안에 중국과의 경쟁에서 성공할 가능성이 없습니다. 현재, 그것은 이미 기정사실입니다. 제 의견으로는 이미 끝났습니다. 전쟁이 필요한지 아닌지는 일종의 일화적인(개인적인) 이야기다.

① 미국 기술에서 중국을 앞서다
② 소프트웨어 기술을 놓고 경쟁하는 중국과 미국
③ 미국과의 기술 전쟁에서 승리하는 중국
④ 세계 경제를 지배하는 중국

☐ dominate 지배하다
☐ emerging 최근 생겨난
☐ artificial intelligence 인공지능
☐ synthetic biology 합성 생물학
☐ genetics 유전학
☐ intelligence assessment 정보평가
☐ Pentagon 미국 국방부
☐ resign 사임하다, 그만두다
☐ protest 항의
☐ pace 속도
☐ transformation 변화
☐ fighting chance 성공할 가능성, 성공할 수 있는 기회
☐ done deal 기정사실, 거래의 성립
☐ anecdotal 일화적인, 입증되지 않은, 개인적인 진술

정답 ③

Practice Test – 지문구조 Mapping

20 다음 글의 제목으로 가장 적절한 것을 고르시오.

Nutrition is the key to metabolism. The pathways of metabolism rely upon nutrients that break down in order to produce energy. This energy, in turn, is required by the body to synthesize molecules like new proteins and nucleic acid(DNA, RNA). Nutrients, in relation to metabolism, encompass factors like bodily requirements for various substance, individual functions in the body, the amount needed, and the level below which poor health results. Essential nutrients supply energy and the necessary chemicals which the body itself cannot synthesize. Food provides a variety of substances that are essential for the building, upkeep, and repair of body tissues, and for the efficient functioning of the body.

① The complex processes of metabolism
② The relation between chemicals and the bodily functions
③ The roles of nutrients in the chemical process of the body
④ The benefits of metabolism for our health

[*Answer & Explanation*]

20 다음 글의 제목으로 가장 적절한 것을 고르시오.

> Nutrition is the key to metabolism. The pathways of metabolism rely upon nutrients that break down in order to produce energy. This energy, in turn, is required by the body to synthesize molecules like new proteins and nucleic acid(DNA, RNA). Nutrients, in relation to metabolism, encompass factors like bodily requirements for various substance, individual functions in the body, the amount needed, and the level below which poor health results. Essential nutrients supply energy and the necessary chemicals which the body itself cannot synthesize. Food provides a variety of substances that are essential for the building, upkeep, and repair of body tissues, and for the efficient functioning of the body.

- **Topic**: 영양공급
- **Main Idea**: 영양공급은 신진대사에 필수적이다.
- **Supporting Details**:
  ▶ 영양소
    → 에너지 생산
    → 단백질과 핵산과 같은 분자 합성

  ▶ 식품(영양소/영양공급)
    신체조직 형성+유지+보수와 효율적인 신체기능에 필수적인 다양한 물질 공급

영양공급은 신진대사에 필수적이다. 신진대사의 경로는 에너지를 생산하기 위해 분해하는 영양소들에 달려있다. 이 에너지는, 차례로, 새로운 단백질과 핵산(DNA, RNA)과 같은 분자들을 신체가 합성하는 데 필요하다. 영양소들은 신진대사와 관련하여 다양한 물질들, 신체의 개별적인 기능들, 필요한 양, 건강이 나빠지는 수준과 같은 신체적인 요구들과 같은 요소들을 망라한다. 필수영양소들은 에너지를 공급하며, 신체가 자체적으로 합성할 수 있는 필수 화학물질들을 공급한다. 식품은 신체조직을 형성하고, 유지하고 보수하는 데 그리고 신체의 효율적인 기능을 위해 필수적인 다양한 물질들을 제공한다.

① 신진대사의 복잡한 과정들
② 화학 물질과 신체 기능 사이의 관계
③ 신체의 화학적 과정에서 영양소의 역할
④ 우리의 건강을 위한 신진대사의 이점들

정답 ③

- nutrition 영양, 영양 공급
- metabolism 신진대사
- pathway 통로, 경로
- rely upon ~에 달려 있다
- nutrient 영양소
- break down 분해하다
- in turn 차례차례; 결국, 결과적으로
- synthesize 합성하다; 종합하다
- molecule 분자
- protein 단백질
- nucleic acid 핵산
- in relation to ~에 관련해서
- encompass 포함하다, 망라하다, 아우르다
- requirement 요구, 필요
- substance 물질
- individual 개인적인; 개별적인
- supply 공급하다
- upkeep 유지, 유지비; 양육, 양육비
- repair 수리, 보수
- body tissue 신체 조직
- efficient 효율적인
- functioning 기능, 작용

Part 02

Text Pattern(지문패턴)

CHAPTER 01
Patterns for 예측 & 속독

1. G/S Pattern (General Statement → Specific Statements) (두괄식)
2. S/G Pattern (Specific Statements → General Statement) (미괄식)
3. Cause & Effect Pattern (원인 & 결과)
4. Problem & Solution Pattern (문제 & 해결)
5. Q & A (질의 & 응답)

CHAPTER 02
Patterns for 예측 & 속독

6. Description Pattern (서술)
7. Comparison & Contrast Pattern (비교 & 대조)
8. Listing Pattern (나열)
9. Time Order Pattern (시간순서) / Spatial Order Pattern (장소순서)
10. Adversative Pattern (역접)

Practice Test
지문패턴 Check

지문의 구조적 이해(Topic, Main Idea, Supporting Details)만큼이나 지문내용의 정독과 속독, 그리고 무엇보다도 빠르게 정답을 찾기 위해서 **지문의 패턴(Text Pattern)**을 파악하는 것이 필수적이다.

지문의 패턴을 쉽게 표현하면 설명이나 주장을 풀어가는 **저자의 글 전개방식**이다. 즉, 어떤 이는 자신이 설명하고자 하는 소재나 설득하고자 하는 주장을 **원인/결과의 논리관계**로 풀어가기도 하고, 또 다른 이는 **예시**를 통해 구체적인 이해를 구하기도 한다. 혹은 **비교와 대조**를 통해 자신의 설명이나 설득의 근거로 삼으며, 때로는 **질의와 응답**을 통해 자신의 설명이나 주장을 명확히 하기도 한다. 즉 속된 말로 **썰을 풀어가는 방식**이다.

따라서 글의 전개방식이 명확히 파악되면, 글의 주제를 찾는 **대의적인 글 읽기**뿐 아니라, **세부적인 사항들**에 대한 이해도, 그리고 **논리적인 전개**를 이해하는 것도 훨씬 쉬워진다. 다음의 리스트가 영어를 시험으로 공부하는 수험생들이 필수적으로 알아야 하는 **10개의 패턴들**이며, 그 **10개의 패턴들**을 파악하기 위한 **Signals**도 함께 제시하였다.

① **G / S Pattern(General Statement → Specific Statements 두괄식)**
② **S / G Pattern(Specific Statements → General Statement 미괄식)**
③ **Cause & Effect Pattern (원인 & 결과)**
④ **Problem & Solution Pattern (문제 & 해결)**
⑤ **Q & A Pattern (질의 & 응답)**
⑥ **Description Pattern (서술)**
⑦ **Comparison and Contrast Pattern (비교와 대조)**
⑧ **Listing Pattern (나열)**
⑨ **Time Order Pattern (시간순서)**
　　Spatial Order Pattern (장소순서)
⑩ **Adversative Pattern (역접)**

Pattern Signals

1. G/S Pattern Signals

for example, for instance, to illustrate, such as, including

2. Cause & Effect Signals

thus, consequently, therefore, as a result, accordingly, so
because (because of), since,

3. Problem & Solution Signals

problem / necessary, address, should, must

4. Comparison Signals

similarly, likewise, in the same manner, like, as, just as, as well

5. Contrast / Adversative Signals

however, but, yet, nevertheless, instead,
whereas, while, although, even though,
on the contrary, on the other hand, in contrast, conversely

6. Listing Signals

first, second, finally, last
in addition, moreover, furthermore, and, also, another

7. Time Order Signals

before, after, afterward, during, while,
then, previously, until, now, next

CHAPTER 01 Patterns for 예측 & 속독

1 G / S Pattern(General Statement → Specific Statements 두괄식)

01 다음 글의 주제로 가장 적절한 것은?

Noise in the classroom has negative effects on communication patterns and the ability to pay attention. Thus, it is not surprising that constant exposure to noise is related to children's academic achievement, particularly in its negative effects on reading and learning to read. Some researchers found that, when preschool classrooms were changed to reduce noise levels, the children spoke to each other more often and in more complete sentences, and their performance on pre-reading tests improved. Research with older children suggests similar findings. On reading and math tests, elementary and high school students in noisy schools or classrooms consistently perform below those in quieter settings.

① impacts of noise on academic achievement
② new trends in classroom design
③ ways to control a noisy class
④ various kinds of reading activities

02 다음 글의 제목으로 가장 적절한 것을 고르시오.

> Studies from cities all over the world show the importance of life and activity as an urban attraction. People gather where things are happening and seek the presence of other people. Faced with the choice of walking down an empty or a lively street, most people would choose the street with life and activity. The walk will be more interesting and feel safer. Events where we can watch people perform or play music attract many people to stay and watch. Studies of benches and chairs in city space show that the seats with the best view of city life are used far more frequently than those that do not offer a view of other people.

① The City's Greatest Attraction: People
② Leave the City, Live in the Country
③ Make More Parks in the City
④ Feeling Lonely in the Crowded Street

03 다음 글의 제목으로 가장 적절한 것을 고르시오.

Consumers are generally uncomfortable with taking high risks. As a result, they are usually motivated to use a lot of strategies to reduce risk. Consumers can collect additional information by conducting online research, reading news articles, talking to friends or consulting an expert. Consumers also reduce uncertainty by buying the same brand that they did the last time, believing that the product should be at least as satisfactory as their last purchase. In addition, some consumers may employ a simple decision rule that results in a safer choice. For example, someone might buy the most expensive offering or choose a heavily advertised brand in the belief that this brand has higher quality than other brands.

① Too Much Information Causes Stress
② Advertisement: Noise for TV Viewers
③ Risk-taking: A Source of Bigger Profits
④ Safe Purchase: What Consumers Pursue Eagerly

04 아래 글 바로 다음에 이어질 문장으로 가장 적절한 것을 고르면?

The moon is different from the earth in many respects. First of all, there is no known life on the moon. And in terms of size, it is much smaller than the earth. You may think both of them have the same spherical shape. But strictly speaking, they are not the same. The moon is almost a perfect sphere; its diameter differs by no more than 1% in any direction. The faster an astronomical object spins, the more it becomes bulged at the equator and flattened at the poles. _____.

① So spinning objects undergo some changes of their shape, except for the moon and the earth.
② Since the moon rotates more slowly than the earth, it is more nearly spherical.
③ Moreover, the moon's diameter has been varied for the last hundred years.
④ In fact, the moon's spherical shape is rather unexpected, considering its density and gravity.

05 다음 글의 제목으로 가장 적절한 것은?

Although the Inca and Aztec civilizations covered huge distances in pursuit of trade opportunities and power, there is no evidence that these civilizations ever crossed paths. What's often forgotten is that the distance between the Aztec and Inca realms is perhaps 2,000 miles as the crow flies, and much further on foot through the mountainous terrain of Central and South America, passing through territory that now belongs to at least eight different nations. So, although Spanish invaders saw them both as part of the nebulous "Republic of Indians", and these great civilizations are often lumped together in the popular imagination today, they were in reality very distant.

① Did the Incas and Aztecs know about each other?
② What was Spain's policy to isolate the two civilizations?
③ Why are the Incas and Aztecs often misunderstood as a single culture?
④ How did the Incas and Aztecs manage to keep distance from each other?

2 S / G Pattern(Specific Statements → General Statement 미괄식)

06 다음 글의 요지로 가장 적절한 것은?

If you walk into a room that smells of freshly baked bread, you quickly detect the rather pleasant smell. However, stay in the room for a few minutes, and the smell will seem to disappear. In fact, the only way to reawaken it is to walk out of the room and come back in again. The exact same concept applies to many areas of our lives, including happiness. Everyone has something to be happy about. Perhaps they have a loving partner, good health, a satisfying job, a roof over their heads, or enough food to eat. As time passes, however, they get used to what they have and, just like the smell of fresh bread, these wonderful assets disappear from their consciousness. As the old proverb goes, you never miss the water till the well runs dry.

① 새로움을 추구하는 삶이 가치 있다.
② 작은 행복이 모여서 큰 행복이 된다.
③ 즐거움은 어느 정도의 고통을 수반한다.
④ 익숙함이 소중한 것의 가치를 잊게 한다.

07 다음 글의 제목으로 가장 적절한 것은?

Fear and its companion pain are two of the most useful things that men and animals possess, if they are properly used. If fire did not hurt when it burnt, children would play with it until their hands were burnt away. Similarly, if pain existed but fear did not, a child would burn himself again and again, because fear would not warn him to keep away from the fire that had burnt him before. A really fearless soldier — and some do exist — is not a good soldier, because he is soon killed; and a dead soldier is of no use to his army. Fear and pain are therefore two guards without which human beings and animals might soon die out.

① Obscurity of Fear and Pain in Soldiers
② Indispensability of Fear and Pain
③ Disapproval of Fear and Pain
④ Children's Association with Fear and Pain

08 다음 글의 요지로 가장 적절한 것은?

On a bright spring morning 50 years ago, two young astronomers at Bell Laboratories were tuning a 20-foot, horn-shaped antenna pointed toward the sky over New Jersey. Their goal was to measure the Milky Way galaxy, home to planet Earth. To their puzzlement, Robert W. Wilson and Arno A. Penzias heard the insistent hiss of radio signals coming from every direction — and from beyond the Milky Way. It was cosmic microwave background radiation, a residue of the primordial explosion of energy and matter that suddenly gave rise to the universe some 13.8 billion years ago. The scientists had found evidence that would confirm the Big Bang Theory, first proposed by Georges Lemaître in 1931.

① The light helps rule the Big Bang Theory out.
② The mysterious signal means a steady state of the universe.
③ The universe was in a steady state without a singular beginning.
④ The radiation is a residual effect of the explosion which Lemaître theorized.

09 다음 글의 주제로 가장 적절한 것은?

An eighty-eight-year-old woman attending church on Mother's Day was given a small bouquet by the minister for being the oldest mother in attendance. As he pinned the bouquet on her, he said to the congregation. "Isn't it wonderful that this woman is so old." Reaching for his microphone, she replied, "I'm not so old. I've just been here a long time." In this example, word choice and assumptions that individuals hold about those words affect their inferences. The minister's words and the mother's statements were essentially the same. Their choice of words, however, carried different emotional reactions, or connotation.

① Language affects the inferences you make.
② Inferences are affected by circumstances.
③ Words have many conflicting meanings.
④ Your beliefs affect the inferences you make.

10 다음 글의 주제로 가장 적절한 것은?

Many parents who have experienced personal hardship desire a better life for their children. To want to spare children from having to go through unpleasant experiences is a noble aim, and it naturally stems from love and concern for the child. What these parents don't realize, however, is that while in the short term they may be making the lives of their children more pleasant, in the long term they may be preventing their children from acquiring self-confidence, mental strength, and important interpersonal skills. Samuel Smiles, a nineteenth-century English author, wrote, "It is doubtful whether any heavier curse could be forced on man than the complete gratification of all his wishes without effort on his part, leaving nothing for his hopes, desires, or struggles." For healthy development, the child needs to deal with some failure, struggle through some difficult periods, and experience some painful emotions.

① benefits of traditional child-rearing practices
② critical factors in children's physical development
③ importance of parental emotional support for children
④ necessity of parents letting their child experience difficulties

3 **Cause & Effect Pattern (원인 & 결과)**
4 **Problem & Solution Pattern (문제 & 해결)**

11 다음 글의 내용과 일치하지 않는 것은?

> Outdoor canvas fabric can easily become moldy due to the water, sun, and other elements. This mold is impossible to remove and can ruin the fabric. To prevent it, you need to waterproof the canvas. One method is to use blocks of wax. Rubbing blocks of wax on your canvas can make it naturally waterproof. However, wax can change the appearance of the fabric. Another problem with wax is that it's difficult to apply to small areas. A better method is to use a silicone spray. These sprays are inexpensive and easy to protect your fabric against water damage. Just be sure to apply an even coating across over all the material to get maximum protection.

① 캔버스는 자연적인 요소들 때문에 곰팡이가 쉽게 생길 수 있다.
② 캔버스에 왁스 덩어리를 문질러 자연적인 방수 효과를 줄 수 있다.
③ 방수 캔버스를 만들기 위해 왁스를 사용하는 데 몇 가지 문제가 있다.
④ 왁스를 사용하는 것보다 실리콘 스프레이가 더 좋지만 가격이 비싸다.

12 글의 내용과 일치하지 않는 것은?

Any parent can tell you that infants find commercials more interesting to watch than actual shows. The reason? Commercials effectively grab children's attention by providing a rapid series of images that take the visual experience unusual. When producing commercials for TV, the content of the commercial is secondary to this well-crafted array of imagery. Each image lasts for at most a few seconds before being replaced by another exciting image to ensure our attention does not wander. This filming technique may well have significant adverse effects on viewers, especially children. Researchers have found that young children who watch TV often are more likely to develop low attention spans that can hinder learning later in life. Commercials may be one of the primary reasons why this happens.

① The content of TV commercials is less important than visual images.
② Commercial production technique may have negative effects on children.
③ Infants are more interested in watching commercials than actual shows.
④ Exciting images in commercials quickly change to reduce attention.

13 다음 글의 제목으로 가장 적절한 것은?

While journalists profess their faith in this objective world they have little confidence in their ability to recognize it. The norms of "objective" reporting thus involves presenting "both sides" of an issue regardless of their veracity. We thus have the poignant irony that a journalist who systematically attempts to verify facts — to say which set of facts is more accurate — runs the risk of being accused of abandoning his or her objectivity by favoring one side over another. Interestingly, this objective reporting tends to promote a specific ideology. Lurking within it is a specific philosophical assumption about where truth lies. Since the objective reporting tends to assume that both sides will always be speaking partial truth, it is easy to infer that the whole truth must lie somewhere in the middle.

① Ideology and Journalism
② The Verification of Truth
③ The Pitfall of Objective Reporting
④ The Norms of Objective Reporting

14 다음 글의 주제로 가장 적절한 것은?

Human beings are driven by a natural desire to form and maintain interpersonal relationships. From this perspective, people seek relationships with others to fill a fundamental need, and this need underlies many emotions, actions, and decisions throughout life. Probably, the need to belong is a product of human beings' evolutionary history as a social species. Human beings have long depended on the cooperation of others for the supply of food, protection from predators, and the acquisition of essential knowledge. Without the formation and maintenance of social bonds, early human beings probably would not have been able to cope with or adapt to their physical environments. Thus, seeking closeness and meaningful relationships has long been vital for human survival.

① emotion as an essential factor in evolution
② difficulties in cooperating with other people
③ ways to keep close relationships with others
④ need to build social bonds for human survival

15 다음 빈칸에 순서대로 들어갈 말로 가장 적절한 것은?

The Internet has encouraged the freedoms of speech and expression. The Internet is a very large common public area that is shared by people all around the world. Due to the diversity of the Net's users, no one standard can be applied to govern speech on the Net. _____, the Internet's technology itself prevents anyone from blocking the free flow of information. In the late 1990s, many countries became alarmed at the freedom of speech accessible on the Internet and tried to restrict it. Singapore insisted that political and religious sites must register with the government. China ordered that all Internet users had to register with the police. And Saudi Arabia restricted Internet use to only universities and hospitals. _____, due to the nature of the Internet, none of these efforts has had much lasting effect.

① Furthermore - However
② However - For instance
③ For example - Furthermore
④ Otherwise - However

16 다음 글의 빈칸에 들어갈 말로 가장 적절한 것은?

> The number of vehicles on freeways and streets is growing at an alarming rate. Drivers are in such a rush to get to their destinations that many become angry or impatient with other motorists who are too slow or who are in their way. Aggressive drivers react foolishly toward others in several dangerous ways. One way an angry driver may react is to cut off another motorists. Another way is to tailgate the other car. In addition to cutting off and tailgating other cars, aggressive drivers often use rude language or gestures to show their anger. Although law enforcement authorities warn motorists against aggressive driving, the number of people who act out their anger impulses has not declined. Aggressive drivers are endangering everyone because they _____ by acting and driving foolishly. They should control their anger and learn to drive safely.

① make a short-term plan
② create hazardous conditions
③ criticize the traffic policemen
④ reduce the number of accidents

5 Q & A Pattern (질의 & 응답)

17 다음 글의 주제로 가장 적절한 것은?

> Have you ever wondered why a dog doesn't fall over when he changes directions while running? When a dog is running and has to turn quickly, he throws the front part of his body in the direction he wants to go. His back then bends, but his hind part will still continue in the original direction. Naturally, this turning movement might result in the dog's hind part swinging wide. And this could greatly slow his rate of movement or even cause the dog to fall over as he tries to make a high-speed turn. However, the dog's tail helps to prevent this. Throwing his tail in the same direction that his body is turning serves to reduce the tendency to spin off course.

① effects of a dog's weight on its speed
② role of a dog's tail in keeping balance
③ factors causing a dog's bad behaviors
④ importance of training a dog properly

18 다음 글에서 필자가 주장하는 바로 가장 적절한 것은?

How do you encourage other people when they are changing their behavior? Suppose you see a friend who is on a diet and has been losing a lot of weight. It's tempting to tell her that she looks great and she must feel wonderful. It feels good for someone to hear positive comments, and this feedback will often be encouraging. However, if you end the discussion there, then the only feedback your friend is getting is about her progress toward an outcome. Instead, continue the discussion. Ask about what she is doing that has allowed her to be successful. What is she eating? Where is she working out? What are the lifestyle changes she has made? When the conversation focuses on the process of change rather than the outcome, it reinforces the value of creating a sustainable process.

① 상대방의 감정을 고려하여 조언해야 한다.
② 효과적인 다이어트를 위해 구체적인 계획을 세워야 한다.
③ 지속적인 성장을 위해서는 단점보다 장점에 집중해야 한다.
④ 행동을 바꾸려는 사람과는 과정에 초점을 두어 대화해야 한다.

19 다음 글의 제목으로 가장 적절한 것은?

How can we teach our children to memorize a broad range of information? Let me prove to you that all people are potential geniuses, with brains designed to store, control, and remember large amounts of information through memorization by repetition. Imagine the grocery store where you shop the most. If I asked you to tell me where the eggs are, would you be able to do so? Of course you could. The average grocery store carries over 10,000 items, yet you can quickly tell me where to find most of them. Why? The store is organized by category, and you have shopped in the store repeatedly. In other words, you've seen those organized items over and over again, and the arrangement by category makes it easy for you to memorize the store's layout. You can categorize 10,000 items from just one store.

① Too Much Repetition Kills Creativity
② Believe in Your Memos, Not Your Memory
③ A Grocery Store: Where Your Health Begins
④ Repetition and Categorization: The Key to Memory

Memo

CHAPTER 02 Patterns for 예측 & 속독

6 Description Pattern (서술)

01 Dorothy West에 관한 다음 글의 내용과 일치하지 않는 것은?

> Dorothy West, born on June 2, 1907, is remembered as one of the Harlem Renaissance writers. West's subject matter primarily focused on the life of rich African Americans. Her first novel, *The Living Is Easy,* published in 1948, received positive responses from critics, but failed to attract a large audience. She wrote her second novel, *The Wedding*, in 1950, but left it incomplete because she was unable to find a publisher. Jacqueline Onassis took note of the short stories that West had been submitting to the *Daily News*, the local paper at Martha's Vineyard. Onassis encouraged West to complete her novel and subsequently served as her editor. Her second novel was published in 1995 and was made into a television movie produced by Oprah Winfrey, airing in 1998. West died on August 16, 1998.

① 할렘 르네상스 작가 중 한 명으로 기억된다.
② 주로 부유한 아프리카계 미국인의 삶을 소재로 삼았다.
③ 첫 소설이 평론가들로부터 부정적인 반응을 얻었다.
④ 'Daily News'라는 지역 신문에 단편 소설을 기고하였다.

02 다음 글의 내용과 가장 일치하지 않는 것은?

The aye-aye, the largest nocturnal primate in the world, displays an unusual degree of fearlessness towards humans. Wild aye-ayes have been known to appear unexpectedly from nowhere in the rainforest to sniff a researcher's shoes. It is different from the other lemurs* because it is highly specialized in many ways; its continuously growing incisor teeth (which led to its being considered a rodent during part of the 19th century), its large ears (almost certainly used in locating insect larvae in dead wood), and its long skeleton-like middle finger used to extract larvae from holes. So unique is it among the lemurs that it has proven extremely difficult to determine which other lemurs are its closest relatives. The aye-aye is so unusual that it is not only strange within the context of the primates, but it is one of the most distinctive mammals on earth.

*lemur 여우원숭이

① 야행성 영장류인 아이아이원숭이는 이상할 정도로 인간을 두려워하지 않는다.
② 아이아이원숭이는 계속 자라나는 앞니 때문에 19세기 이래로 설치류로 간주되고 있다.
③ 아이아이원숭이의 커다란 귀는 유충을 찾는 데, 긴 중지는 유충을 꺼내는 데 사용된다.
④ 아이아이원숭이는 가장 독특한 포유류 중 하나이다.

03 다음 글의 내용으로 가장 적절한 것은?

I was surprised to learn that the notion of a bedtime is not the norm around the world, even among other industrialized societies. For example, in Southern European countries like Italy, Spain, and Greece, children are typically allowed to participate in the family's late evening life, falling asleep in cars or laps instead of their own rooms, and there is no specified time for going to bed. The same is often true for families in Central and South America. In many tribal cultures, such as the Mayan or the Balinese, infants and toddlers are held, carried, or accompanied continuously by a series of caretakers. They are able to doze, fall asleep, stir, and waken under many circumstances, even in the middle of noisy, all-night ritual observances, with little need for special sleep aids like pacifiers, blankets, or stuffed animals.

① 많은 부족 문화권에서는 아이들의 숙면을 위해 담요와 같은 특별한 수면 보조기구들을 주로 활용한다.
② 남부 유럽 국가 아이들은 가족의 늦은 저녁 생활에 참여할 수 있지만 잠은 반드시 자신의 방에서 자는 것이 원칙이다.
③ 남아메리카의 아이들은 명시된 취침 시간이 없다.
④ 그리스 아이들은 명시된 취침 시간을 갖고 있다.

04 다음 글의 내용과 일치하는 것은?

Soils of farmlands used for growing crops are being carried away by water and wind erosion at rates between 10 and 40 times the rates of soil formation, and between 500 and 10,000 times soil erosion rates on forested land. Because those soil erosion rates are so much higher than soil formation rates, that means a net loss of soil. For instance, about half of the top soil of Iowa, the state whose agriculture productivity is among the highest in the U.S., has been eroded in the last 150 years. On my most recent visit to Iowa, my hosts showed me a churchyard offering a dramatically visible example of those soil losses. A church was built there in the middle of farmland during the 19th century and has been maintained continuously as a church ever since, while the land around it was being farmed. As a result of soil being eroded much more rapidly from fields than from the churchyard, the yard now stands like a little island raised 10 feet above the surrounding sea of farmland.

① A churchyard in Iowa is higher than the surrounding farmland.
② Iowa's agricultural productivity has accelerated its soil formation.
③ The rate of soil formation in farmlands is faster than that of soil erosion.
④ Iowa has maintained its top soil in the last 150 years.

05 다음 글의 밑줄 친 Babylonia에 대한 설명으로 가장 옳은 것은?

After the fall of the city of Ur in 2000 B.C., many cities of Mesopotamia were ruled by the Amorites, whose two strongholds were the cities of Isin and Larsa. In 1763 B.C. Larsa fell to a great army led by Hammurabi(1792-1750 B.C.). The new ruler gave the kingdoms of Sumer and Akkad a name, Babylonia. The city of Babylon had magnificent temples and palaces. People entered the city through eight great bronze gates. The most magnificent one was the Ishtar Gate, which was decorated with shiny, patterned bricks and pictures of lions, bulls, and dragons. Babylon's winding, narrow streets were lined with houses. Most had a courtyard with rooms around it. The city walls had gates, around which traders set up markets. Traders and merchants from as far as Syria, Assyria, and the kingdoms of the Persian Gulf traveled to trade at the markets. The Babylonians produced written records by carving picture symbols onto clay tablets. In addition to being a great center of trade, Babylon became an academic center.

① 도시 중앙에 넓은 직선 도로가 있었다.
② 8개의 철문을 통해 사람들이 통행했다.
③ 걸프 만에 있는 왕국까지 상인들을 내보냈다.
④ 무역뿐만 아니라 학문의 중심지가 되었다.

06 다음 글의 내용과 일치하는 것은?

Of all the mystic places, the most enigmatic - and the source of many of the rest, in the view of some people - is the lost island of Atlantis. The subject of more than 2,000 books and countless articles and poems, Atlantis has been traced to a long list of sites and regions in the world. Thousands of years after it supposedly sank into the cold and gloomy depths of the Atlantic Ocean, the island continent of Atlantis lives on as one of history's most tantalizing puzzles. If indeed such a place existed, it was a civilization unequaled before or since. Yet its chroniclers say that it vanished in little more than a single day, leaving not a trace behind. Plato described Atlantis as an idyllic land with beautiful gardens and a balmy climate - a place where people lived lives of cultivated leisure in magnificent mansions.

① 아틀란티스는 점차적으로 사라졌다.
② 아틀란티스는 야만인이 살았던 장소였다.
③ 아틀란티스의 존재 여부는 확인되지 않았다.
④ 지상낙원에 대한 개념은 아틀란티스와 아무런 관련이 없다.

7 Comparison and Contrast Pattern (비교와 대조)

07 다음 글의 빈칸 (A), (B)에 들어갈 말로 가장 적절한 것은?

When we discuss the idea of responsibility, we need to make a distinction between responsibility and moral responsibility. Responsibility is when one takes on a task or burden and accepts the associated consequences. (A)_____, if you take on the responsibility of organizing a conference for work, then you not only take on the task of organizing the event, but you are also taking on the responsibility of its outcome; whether it is a success or failure. This is responsibility. Moral responsibility, (B)_____, is responsibility based on one's moral codes. Let's say that none of the speakers can make the conference because of a big snowstorm. You are responsible for the success or failure of the conference, but you may not be morally responsible for its failure.

   (A)   (B)
① In addition ······ in short
② In addition ······ in contrast
③ For example ······ in the same way
④ For example ······ on the other hand

08 이 글의 제목으로 가장 적절한 것은?

> Potatoes were once hailed as history's most important vegetable, and the Incas — whose ancestors are credited with domesticating spuds in South America — worshiped a potato god. Potatoes are certified as a 'heart healthy' food by the American Heart Association. And just three years ago, the United Nations declared 2008 the International Year of the Potato, praising the tuber for being a good source of vitamin C, several B vitamins, and minerals including iron, potassium, phosphorus and magnesium. However, when the team from Harvard Medical School and the Harvard School of Public Health in Boston examined the potato's role in the modern diet, they found that people who ate an extra serving of French fries every day gained an average of 3.4 pounds over a four-year period. On top of that, those who munched on an extra serving of potato chips daily gained an average of 1.7 pounds every four years. Overall, an extra serving of potatoes prepared in any non-chip form was found to contribute an average of 1.3 pounds to total weight over four years.

① Origin of potatoes
② Pros and cons of potatoes
③ History of potato consumption
④ Market value of potatoes

09 public officials에 대해 추론할 수 없는 것은?

There is an enormous difference in the ways in which various public officials respond to public pressures, and in the means and methods they employ to deal with them. The best possess understanding of the forces, that must be taken into account, determination not to be swerved from the path of public interest, a willingness to make enemies along with a gift for avoiding them, and faith that public support will be forthcoming for the correct course. The poorest are overhesitant, evasive, preoccupied with their relationships with their colleagues, superiors, the press or the political support on which they lean. They will make no move unless the gallery is packed. They confront all embarrassments with a stale general formula.

① Some are better than others in dealing with public pressures.
② Some advocate public interest faithfully.
③ Some will not act if an audience is not paying attention.
④ Some know how to gain full support from enemies.

10 다음 문장이 들어갈 위치로 가장 적절한 곳을 고르시오.

A silent home can cause feelings of anxiety and isolation.

In the twentieth century, architects in large cities designed structures in a way that reduced noise and yet made living as comfortable as possible. (A) They used such techniques as making walls hollow and filling this wall space with materials that absorb noise. (B) Thick carpets and heavy curtains were used to cover floors and windows. (C) Air conditioners and furnaces were designed to filter air through soundproofing materials. (D) However, after much time and efforts had been spent in making buildings less noisy, it was discovered that people also reacted adversely to the lack of sound. (E) Now architects are designing structures that reduce undesirable noise but retain the kind of noise that people seem to need.

① A
② B
③ C
④ D
⑤ E

11 다음 글의 제목으로 가장 적절한 것을 고르시오.

We humans are not bad at smelling. We can distinguish about 10,000 different smells, and we do it in just a few milliseconds. But we use our brains for all kinds of other things, like interpreting images from our eyes and engaging in a variety of mental activities. Other animals don't have this kind of distraction, so their sense of smell is much better than ours. Sharks, for example, can smell 10,000 times better than we do. Salmon are even better. It is known that they can smell 30,000 times better than us. Many scientists believe that's how they smell their way back home when they are ready to give birth. For fish like these, the whole world must be full of patterns of scents. By contrast, for us, the world is full of patterns of sights.

① Who Smells Best?
② Smell and Birth Home
③ What Smell means to animals
④ The Mental Activities of Human

12 다음 글의 내용과 일치하지 않는 것을 고르시오.

There is a basic principle that distinguishes a hot medium like radio from a cool one like the telephone, or a hot medium like the movie from a cool one like TV. A hot medium is one that extends one single sense in "high definition." High definition is the state of being well filled with data. A photograph is visually "high definition." A cartoon is "low definition," simply because very little visual information is provided. Telephone is a cool medium, or one of low definition, because the ear is given a meager amount of information. And speech is a cool medium of low definition, because so little is given and so much has to be filled in by the listener. On the other hand, hot media do not leave so much to be filled in or completed by the audience.

① Cool media leave much to be filled in by the audience.
② Telephone is considered high definition.
③ A hot medium is full of data.
④ Media can be classified into hot and cool

8 **Listing Pattern (나열)**

9 **Time Order Pattern (시간순서)**
   Spatial Order Pattern (장소순서)

13 다음 글의 빈칸 (A), (B)에 들어갈 말로 가장 적절한 것은?

> When you are anxious, the perceived threat potential of stimuli related to your anxiety can rise. Thus, things you typically encounter that might not usually trigger fear now do so. (A)_____, if you encounter a snake in the course of a hike, even if no harm comes, anxiety is likely aroused, putting you on alert. If farther along the trail you notice a dark, slender, curved branch on the ground, an object you would normally ignore, you might now momentarily be likely to view it as a snake, triggering a feeling of fear. (B)_____, if you live in a place where terror alerts are common, harmless stimuli can become potential threats. In New York City, when the alert level rises, a parcel or paper bag left under an empty subway seat can trigger much concern.

	(A)		(B)
①	For example	……	However
②	For example	……	Similarly
③	In contrast	……	Similarly
④	In contrast	……	In other words

14 다음 글의 빈칸 (A), (B)에 들어갈 말로 가장 적절한 것은?

Finding the perfect shoe fit may be difficult for some people. Most adults think they know their exact foot size, so they don't measure their feet when buying new shoes. (A)_____, many people squeeze into the same shoe size for years, or even decades. While feet stop growing in length by age twenty, most feet gradually widen with age, and sometimes women's feet "grow" after the birth of a child. (B)_____, your feet can actually be different sizes at different times of the day, getting larger and returning to "normal" by the next morning. So, the next time you buy shoes, remember that your foot size can change.

	(A)		(B)
①	Therefore	……	Besides
②	Therefore	……	For instance
③	Otherwise	……	Nevertheless
④	In contrast	……	Similarly

15 다음 글의 내용과 일치하지 않는 것을 고르시오.

The traditional art of Africa plays a major part in African society. African art consists mainly of sculptures, paintings, masks and fetishes. Sculptures are considered to be the greatest achievement for African art. A majority of the sculptures are mainly done in wood but are also made of metal, stone, mud, and other materials. They are found in many parts of Africa but mainly in western and central Africa. Many ancient rock paintings have been found in southern and eastern Africa. These paintings are believed to be attributed to the Bushman people. Masks and fetishes are often used to scare off bad things such as evil spirits, witches or ghosts. They are also used to bring about a desired end, break a bad habit, or kill a natural or supernatural enemy.

① Rock paintings are believed to be done by the Bushman people.
② Masks and fetishes are used to drive out evil spirits and break a bad habit.
③ In western and central Africa, sculptures are mainly made of stone and mud.
④ Sculptures, paintings, masks and fetishes are among the major elements of African art.

16 다음 글의 빈칸 (A), (B)에 들어갈 말로 가장 적절한 것은?

What's happening when we're actually doing two things at once? It's simple. Our brain has channels, and so we're able to process different kinds of data in different parts of our brain. (A)_____, you can talk and walk at the same time. There is no channel interference. But you're not really focused on both activities. One is happening in the foreground and the other in the background. If you were trying to explain on the cell phone how to operate a complex machine, you'd stop walking. (B)_____, if you were crossing a rope bridge over a valley, you'd likely stop talking. You can do two things at once, but you can't focus effectively on two things at once.

(A)	(B)
① However	…… Thus
② However	…… Similarly
③ Therefore	…… For example
④ Therefore	…… Similarly

17 다음 밑줄 친 곳에 가장 알맞은 것은?

In industry, the laser has proven to be a very versatile tool, particularly for cutting and welding. Lasers are now also used in high-speed printing and in the creation of three-dimensional images, called holograms. Laser tracking and ranging systems have been developed, using light signals to measure distance rather than the radio signals of radar. The use of the laser in biological and medical applications is also rapidly expanding, and the laser is already being used with great success in certain surgical procedures. In the field of communications the laser, used in conjunction with fiber-optic networks, is capable of carrying much more information than conventional wires and is setting the stage for the "electronic superhighway" of the near future.

The main theme of the passage is _____.

① The value of the laser
② Too much rampant use of the laser in modern society
③ The electronic superhighway and the laser
④ The extensive uses of the laser in society

18 다음 글의 주제로 가장 적절한 것은?

> Some city planning experts called for legislation against texting while walking that would be followed by a deep change of norms. This recommendation is based on the assumption that this change is welcomed, but laws banning texting while walking failed in Toronto, Arkansas, Illinois, Nevada, New Jersey and New York. Meanwhile, high-tech firms are developing technological solutions to the problem, offering a transparent screen that allows pedestrians to see what is going on in front of them while texting. Another direction for adaptation to the problem was provided by city councils via better urban planning and interventions to generate awareness. Some towns and college campuses have put 'look up' signs in dangerous stairwells and intersections. Hong Kong added announcements in its subway system recommending that passengers look around; New York City reduced speeds for cars, and San Francisco fosters pedestrian-only corridors.

① the serious effects of tech-addiction on cognitive abilities
② different strategies to address the problem of texting walkers
③ unexpected reasons why legislation against texting while walking failed
④ major conflicts between advanced technology and outdated traffic systems

19 Shirley Chisholm에 관한 다음 글의 내용과 일치하지 않는 것은?

Shirley Chisholm was born in Brooklyn, New York in 1924. Chisholm spent part of her childhood in Barbados with her grandmother. Shirley attended Brooklyn College and majored in sociology. After graduating from Brooklyn College in 1946, she began her career as a teacher and went on to earn a master's degree in elementary education from Columbia University. In 1968, Shirley Chisholm became the United States' first African-American congresswoman. She spoke out for civil rights, women's rights, and poor people. Shirley Chisholm was against the American involvement in the Vietnam War and the expansion of weapon developments.

① 어린 시절에 할머니와 함께 지낸 적이 있다.
② Brooklyn 대학에서 사회학을 전공했다.
③ 미국 최초의 아프리카계 미국인 여성 하원 의원이었다.
④ 미국의 베트남 전쟁 개입을 지지했다.

20 James Van Der Zee에 관한 다음 글의 내용과 일치하지 않는 것은?

James Van Der Zee was born on June 29, 1886, in Lenox, Massachusetts. The second of six children, James grew up in a family of creative people. At the age of fourteen he received his first camera and took hundreds of photographs of his family and town. By 1906, he had moved to New York, married, and was taking jobs to support his growing family. In 1907, he moved to Phoetus, Virginia, where he worked in the dining room of the Hotel Chamberlin. During this time he also worked as a photographer on a part-time basis. He opened his own studio in 1916. World War I had begun and many young soldiers came to the studio to have their pictures taken. In 1969, the exhibition, Harlem On My Mind, brought him international recognition. He died in 1983.

① 여섯 명의 아이들 중 둘째였다.
② 열네 살에 그의 첫 번째 카메라를 받았다.
③ 자신의 스튜디오를 1916년에 열었다.
④ 1969년에 전시회로 인해 국제적인 비난을 받았다.

21 주어진 글 다음에 이어질 글의 순서로 가장 적절한 것을 고르시오.

In 1824, Peru won its freedom from Spain. Soon after, Simón Bolívar, the general who had led the liberating forces, called a meeting to write the first version of the constitution for the new country.

(A) "Then," said Bolívar, "I'll add whatever is necessary to this million pesos you have given me and I will buy all the slaves in Peru and set them free. It makes no sense to free a nation, unless all its citizens enjoy freedom as well."

(B) Bolívar accepted the gift and then asked, "How many slaves are there in Peru?" He was told there were about three thousand. "And how much does a slave sell for?" he wanted to know. "About 350 pesos for a man," was the answer.

(C) After the meeting, the people wanted to do something special for Bolívar to show their appreciation for all he had done for them, so they offered him a gift of one million pesos, a very large amount of money in those days.

① (B) - (A) - (C)
② (B) - (C) - (A)
③ (C) - (A) - (B)
④ (C) - (B) - (A)

22 글의 내용과 일치하지 않는 것을 고르시오.

Saccharin, the oldest artificial sweetener, was accidentally discovered in 1879 by researcher Constantine Fahlberg, who was working at Johns Hopkins University in the laboratory of professor Ira Remsen. Fahlberg's discovery came after he forgot to wash his hands before lunch. He had spilled a chemical on his hands and it, in turn, caused the bread he ate to taste unusually sweet. In 1880, the two scientists jointly published the discovery, but in 1884, Fahlberg obtained a patent and began mass-producing saccharin without Remsen. The use of saccharin did not become widespread until World War I when sugar supply was limited. Its popularity increased during the 1960s and 1970s with the manufacture of Sweet'N Low and diet soft drinks.

① The discovery of saccharin by Fahlberg was unplanned and unintentional.
② Fahlberg published the discovery of saccharin with Remsen, but received a patent without him.
③ Saccharin replaced previously used artificial sweeteners thanks to its mass production.
④ Sugar shortages during World War I made the use of saccharin widespread.

10 Adversative Pattern (역접)

23 다음 글의 요지로 가장 적절한 것은?

It's long been part of folk wisdom that birth order strongly affects personality, intelligence and achievement. However, most of the research claiming that firstborns are radically different from other children has been discredited, and it now seems that any effects of birth order on intelligence or personality will likely to be washed out by all the other influences in a person's life. In fact, the belief in the permanent impact of birth order, according to Toni Falbo, a social psychologist at the University of Texas at Austin, comes from the psychological theory that your personality is fixed by the time you're six. That assumption simply is incorrect. The better, later and larger studies are less likely to find birth order a useful predictor of anything. When two Swiss social scientists, Cecile Ernst and Jules Angst, reviewed 1,500 studies a few years ago they concluded that "birth order differences in personality are nonexistent in our sample. In particular, there is no evidence for a firstborn personality."

① A firstborn child is kind to other people.
② Birth order influences a person's intelligence.
③ An elder brother's personality is different from that of his younger brother.
④ Birth order has nothing to do with personality.

24 다음의 밑줄 친 부분에 들어갈 가장 적절한 표현을 고르면?

> The notion is fairly common that there is a fundamental conflict between science and religion. Many outstanding scientists, however, are profoundly religious and take an active part in church work. They do not feel their science and their religion are _____.

① serious matters of importance
② in good terms with each other
③ in contradiction
④ profoundly rich
⑤ inseparable

25 밑줄 친 부분에 들어갈 가장 적절한 것을 고르시오.

The question of what it takes to excel has occupied psychologists for decades and philosophers for centuries. In recent years, one of the most persistent psychology claims has been the myth of the "10,000-hour rule" - the idea that this is the amount of time one must invest in practice in order to reach meaningful success in any field. But celebrated psychologist Daniel Goleman debunks the 10,000-hour mythology to reveal the more complex truth beneath the popular rule of thumb. The secret to continued improvement, it turns out, isn't the amount of time invested but the ㉠_____ of that time. It sounds simple and obvious enough, and yet so much of both our formal education and the informal ways in which we go about pursuing success in skill-based fields is built around the premise of sheer time investment. Instead, the factor that has been identified as the main predictor of success is ㉡_____ practice - persistent training to which you give your full concentration rather than just your time, often guided by a skilled expert, coach, or mentor.

    ㉠   ㉡

① quality   automated
② quality   deliberate
③ planning subconscious
④ planning accidental

26 다음 글에서 빈칸에 들어갈 말로 가장 적절한 것은?

The general notion is that the press can form, control or at least strongly influence public opinion. Can it really do any of these things? Hugh Cudlipp, editorial director of the The London Daily Mirror, and a man who should know something about the effect of newspapers on public opinion, doesn't share this general notion about their power. He thinks newspapers can echo and stimulate a wave of popular feeling, but that's all. "A newspaper may successfully accelerate but never reverse the popular attitude that common sense has commended to the public. _____, it can jump aboard the bandwagon once the bandwagon's under way, and exhort others to jump aboard too; but it can't start the bandwagon rolling, or change its direction after it's started.

① Conversely
② In addition
③ Nonetheless
④ In short

27 다음 글의 주제로 가장 적절한 것은?

It is easy to look at the diverse things people produce and to describe their differences. Obviously a poem is not a mathematical formula, and a novel is not an experiment in genetics. Composers clearly use a different language from that of visual artists, and chemists combine very different things than do playwrights. To characterize people by the different things they make, however, is to miss the universality of how they create. For at the level of the creative process, scientists, artists, mathematicians, composers, writers, and sculptors use a common set of what we call "tools for thinking," including emotional feelings, visual images, bodily sensations, reproducible patterns, and analogies. And all imaginative thinkers learn to translate ideas generated by these subjective thinking tools into public languages to express their insights, which can then give rise to new ideas in others' minds.

① obstacles to imaginative thinking
② the difference between art and science
③ the commonality of the creative process
④ distinctive features of various professions

28 다음 빈칸에 들어갈 말로 가장 적절한 것은?

The brain is not the machine we once thought it to be. Though different regions are associated with different mental functions, the cellular components do not form permanent structures or play rigid roles. They're flexible. They change with experience, circumstance, and need. Some of the most extensive and remarkable changes take place in response to damage to the nervous system. Experiments show, _____, that if a person is struck blind, the part of the brain that had been dedicated to processing visual stimuli doesn't just go dark.

① however
② by contrast
③ for instance
④ by comparison

29 다음 글의 요지로 가장 적절한 것은?

　　Vitamin D, sometimes known as the "sunshine vitamin," is made in the body when the skin is exposed to sunlight. It is known to boost the uptake of calcium and bone formation, and some observational studies have also suggested a link between low levels of vitamin D and greater risks of many acute and chronic diseases. However, it is not clear whether this is a cause-and-effect relationship, so various large trials have been conducted to try to test whether vitamin D supplementation can reduce the risk of developing diseases. Researchers led by Philippe Autier of France's International Prevention Research Institute in Lyon analyzed data from several hundred observational studies and clinical trials, examining the effects of vitamin D levels on so-called non-bone health — including links to illnesses such as cancer, diabetes and cardiovascular disease. They found that the benefits of high vitamin D levels seen in observational studies — including reduced risk of cardiovascular events, diabetes and colorectal cancer — were not replicated in randomized trials where participants were given vitamin D to see if it would protect against illness.

① People who take vitamin D pills can ward off illness.
② Healthy people also need to take vitamin D supplements.
③ Vitamin D may not be as effective in preventing diseases as previously believed.
④ People who are at risk of vitamin D deficiency need to take a supplement.

30 다음 글의 주제로 가장 적절한 것은?

It is commonly believed that writers are working alone. Yet people see only the surface of the process. Consider, for example, a writer who creates a novel in the solitary confinement of her house. The writer is alone only in a very narrow sense. Indeed, she is writing, typically, about people, with people, and for people. The process of writing a novel can hardly be reduced to an individual cognitive reflection. Thus, the imaginary reader is always present in the creative process of writing — as an addressee, a possible judge of the creation, and, more generally, a partner in a dialogue that each human creation ultimately is. Our writer arguably also is motivated by specifically human, social purposes, such as to be understood, respected and needed by others.

① characteristic of the writer as a social being
② dialogues between the writer and the reader
③ importance of the writer's creativity
④ solitude of the imaginary reader

Practice Test

지문패턴 Check

01 다음 글에서 필자가 주장하는 바로 가장 적절한 것은?

Since you can't use gestures, make faces, or present an object to readers in writing, you must rely on words to do both the telling and the showing. Show more than you tell. Use words to make the reader see. For example, don't leave the reader guessing about Laura's beautiful hair. *Show* how the gentle wind touches the edge of her silky, brown hair. Don't just say you felt happy. *Show* yourself leaping down the steps four at a time, coat unzipped, shouting in the wind, "Hurray, I did it!"

① 글을 쓰기 전에 주변을 정돈해야 한다.
② 시각적으로 실감 나게 글을 써야 한다.
③ 일상생활에서 글의 소재를 찾아야 한다.
④ 글의 내용과 어울리는 그림을 제시해야 한다.

02 다음 글의 요지로 가장 적절한 것은?

It is important to recognize your pet's particular needs and respect them. If your pet is an athletic, high-energy dog, for example, he or she is going to be much more manageable indoors if you take him or her outside to chase a ball for an hour every day. If your cat is shy and timid, he or she won't want to be dressed up and displayed in cat shows. Similarly, you cannot expect macaws to be quiet and still all the time — they are, by nature, loud and emotional creatures, and it is not their fault that your apartment doesn't absorb sound as well as a rain forest.

① 애완동물에게는 적절한 운동이 필요하다.
② 애완동물도 다양한 감정을 느낄 수 있다.
③ 애완동물의 개별적 특성을 존중해야 한다.
④ 자신의 상황에 맞는 애완동물을 선택해야 한다.

03   chuckwalla에 관한 다음 글의 내용과 일치하지 않는 것은?

> Chuckwallas are fat lizards, usually 20-25cm long, though they may grow up to 45cm. They weigh about 1.5kg when mature. Most chuckwallas are mainly brown or black. Just after the annual molt, the skin is shiny. Lines of dark brown run along the back and continue down the tail. As the males grow older, these brown lines disappear and the body color becomes lighter; the tail becomes almost white. It is not easy to distinguish between male and female chuckwallas because young males look like females and the largest females resemble males.

① 길이가 45cm까지 자랄 수 있다.
② 대부분 갈색이거나 검은색이다.
③ 등을 따라 꼬리까지 짙은 갈색 선들이 나 있다.
④ 수컷의 몸통 색깔은 나이가 들수록 짙어진다.

04 다음 글의 주제로 가장 적절한 것은?

Hydroelectric power is a clean and renewable power source. However, there are a few things about dams that are important to know. To build a hydroelectric dam, a large area must be flooded behind the dam. Whole communities sometimes have to be moved to another place. Entire forests can be drowned. The water released from the dam can be colder than usual and this can affect the ecosystems in the rivers downstream. It can also wash away riverbanks and destroy life on the river bottoms. The worst effect of dams has been observed on salmon that have to travel upstream to lay their eggs. If blocked by a dam, the salmon life cycle cannot be completed.

① necessity of saving energy
② dark sides of hydroelectric dams
③ types of hydroelectric power plants
④ popularity of renewable power sources

05 다음 글의 요지로 가장 적절한 것은?

Parents may often claim that they spend a lot of time with their children. Actually, what they mean is not with but in proximity of their children. That is, they may be in the same room as their child but watching TV, reading, on the phone, reviewing emails, or conversing with other guests. What is needed is active engagement with children. This implies reading together, playing sports and games together, solving puzzles together, cooking and eating together, discussing things together, joking together, shopping together, building blocks together, and washing dishes together. In other words, it is not simply being in a child's company while simultaneously leaving the child alone but it means being an active participant and partner in activities with the child.

① 부모는 적극적으로 자녀와 활동을 함께 해야 한다.
② 부모의 공감적 이해가 자녀의 고민 해결에 도움이 된다.
③ 아동의 창의성 발달을 위해 다양한 놀이 활동이 요구된다.
④ 부모의 양육 방식은 유년기 아동의 성격 형성에 중요하다.

06   다음 빈칸에 들어갈 말로 가장 적절한 것을 고르시오.

In small towns the same workman makes chairs and doors and tables, and often the same person builds houses. And it is, of course, impossible for a man of many trades to be skilled in all of them. In large cities, on the other hand, because many people make demands on each trade, one trade alone — very often even less than a whole trade — is enough to support a man. For instance, one man makes shoes for men, and another for women. And there are places even where one man earns a living by only stitching shoes, another by cutting them out, and another by sewing the uppers together. Such skilled workers may have used simple tools, but their _____ did result in more efficient and productive work.

① specialization
② criticism
③ competition
④ diligence

07 다음 글의 주제로 가장 적절한 것은?

Sometimes, we are fascinated when our assumptions are turned inside out and around. The artist Pablo Picasso, for example, used Cubism as a way to help us see the world differently. In his famous work *Three Musicians*, he used abstract forms to shape the players in such an unexpected way that when you first see this artwork, you assume that nothing makes sense. Yet when you look at the painting a second time, the figures come together. Picasso's work challenges your assumptions about how space and objects are used. His artwork helps you see the world differently and reminds you there are alternative ways of using shape, objects, and colors. The reward for this is the intrinsic pleasure you get by looking at this work.

① emotional intelligence enhanced by appreciating Cubist artworks
② inner pleasure driven by viewing the world from different angles
③ abstract style formed by balancing reality with fantasy
④ artists' guild organized by cooperating with cultural institutions

08   Elsie Inglis에 관한 다음 글의 내용과 일치하지 않는 것은?

Elsie Inglis, the second daughter of John Inglis, was born in India on 16th August, 1864. She had the good fortune to have enlightened parents who considered the education of a daughter as important as that of a son. With the support of her father, she began to train as a doctor. Terrified by the poor medical treatment for female patients, she founded a hospital for women in Edinburgh in which the staff consisted only of women. She was also actively engaged in politics and worked for women's voting rights. The outbreak of the First World War turned her attention to helping the troops, and she organized fourteen medical units to send to battlefields throughout Europe. Caring for both soldiers and civilians suffering from sickness, Inglis became ill in Russia and was forced to return to Britain, where she died in 1917. She is still remembered as a wonderful woman of enthusiasm, strength, and kindliness.

① John Inglis의 둘째 딸로 인도에서 태어났다.
② 딸의 교육도 아들의 교육만큼 중요하다고 여기는 부모를 두었다.
③ 직원들의 남녀 비율이 동일하게 구성된 여성을 위한 병원을 설립했다.
④ 정치에 적극적으로 참여했고 여성의 투표권을 위해 일했다.

09 다음 글의 제목으로 가장 적절한 것을 고르시오.

> The often-used phrase "pay attention" is insightful: you dispose of a limited budget of attention that you can allocate to activities, and if you try to go beyond your budget, you will fail. It is the mark of effortful activities that they interfere with each other, which is why it is difficult or impossible to conduct several at once. You could not compute the product of 17×24 while making a left turn into dense traffic, and you certainly should not try. You can do several things at once, but only if they are easy and undemanding. You are probably safe carrying on a conversation with a passenger while driving on an empty highway, and many parents have discovered, perhaps with some guilt, that they can read a story to a child while thinking of something else.

① Storytelling: The Tool for Focusing Children's Attention
② Why Attention Needs Frequent Mental Relaxation
③ Paying Attention Makes the Impossible Possible
④ Keep Yourself Within Your Attention Limit

10 다음 글의 제목으로 가장 적절한 것을 고르시오.

As the only species that can actually talk, Homo sapiens is the only one that can lie out loud. This capacity gave early human beings a major evolutionary edge. They'd already demonstrated their mastery of the deceptive arts by hunting prey with artfully hidden traps or by tricking them into running off cliffs. As the human capacity to speak developed, so did our ability not only to trick prey and deceive predators but to lie to other humans. This too could be advantageous. Those who could persuade members of a rival tribe that a westward-moving herd of caribou had migrated east won a battle in the war for survival. Verbal deceitfulness gave early humans such a survival advantage that some evolutionary biologists believe the capacity to speak and the ability to lie developed hand in hand.

*caribou: (북아메리카산) 순록

① How Lying Affected Human Survival
② Noise and Hunting Don't Go Together
③ Moral Conflicts When Lying to Friends
④ Lying: Social Phenomenon from Lack of Trust

11 다음 빈칸에 들어갈 말로 가장 적절한 것을 고르시오.

About four billion years ago, molecules joined together to form cells. About two billion years later, cells joined together to form more complex cells. And then a billion years later, these more complex cells joined together to form multicellular organisms. All of these evolved because the participating individuals could, by working together, spread their genetic material in new and more effective ways. Fast-forward another billion years to our world, which is full of social animals, from ants to wolves to humans. The same principle applies. Ants and wolves in groups can do things that no single ant or wolf can do, and we humans, by _____, have become the earth's dominant species.

① cooperating with one another
② fighting against enemies
③ inventing various machines
④ paying attention to differences

12 다음 글에서 필자가 주장하는 바로 가장 적절한 것은?

It is easy to judge people based on their actions. We are often taught to put more value in actions than words, and for good reason. The actions of others often speak volumes louder than their words. However, when someone exhibits some difficult behavior, you might want to reserve judgement for later. People are not always defined by their behavior. It is common to think, "He is so bossy," or "She is so mean," after observing less-than-desirable behavior in someone. But you should never make such assumptions right away. You should give someone a second chance before you label them and shut them out forever. You may find a great co-worker or best friend in someone, so don't eliminate a person from your life based on a brief observation.

① 단시간의 관찰로 타인을 성급하게 판단하지 마라.
② 자신의 적성을 찾기 위해 다양한 경험을 쌓아라.
③ 바람직하지 않은 습관을 고치기 위해 노력하라.
④ 원만한 인간관계를 위해 칭찬을 아끼지 마라.

13 다음 글의 요지로 가장 적절한 것은?

Study the lives of the great people who have made an impact on the world, and you will find that in virtually every case, they spent a considerable amount of time alone thinking. Every political leader who had an impact on history practiced the discipline of being alone to think and plan. Great artists spend countless hours in their studios or with their instruments not just doing, but exploring their ideas and experiences. Time alone allows people to sort through their experiences, put them into perspective, and plan for the future. I strongly encourage you to find a place to think and to discipline yourself to pause and use it because it has the potential to change your life. It can help you to figure out what's really important and what isn't.

① 예술적 감수성을 키우기 위해 다양한 활동이 필요하다.
② 공동의 문제를 해결하기 위해 협동심을 발휘해야 한다.
③ 자신의 성장을 위해 혼자 생각할 시간을 가질 필요가 있다.
④ 합리적 정책을 수립하기 위해 비판적 의견을 수용해야 한다.

14 다음 빈칸에 들어갈 말로 가장 적절한 것을 고르시오.

What do advertising and map-making have in common? Without doubt the best answer is their shared need to communicate a limited version of the truth. An advertisement must create an image that's appealing and a map must present an image that's clear, but neither can meet its goal by _____. Ads will cover up or play down negative aspects of the company or service they advertise. In this way, they can promote a favorable comparison with similar products or differentiate a product from its competitors. Likewise, the map must remove details that would be confusing.

① reducing the amount of information
② telling or showing everything
③ listening to people's voices
④ relying on visual images only

15 다음 글의 주제로 가장 적절한 것은?

Shopping for new gadgets, clothes, or just random junk can turn into a hobby in itself. If you'd rather save your money, try finding pleasure in creating things rather than buying things. We get the same kind of satisfaction from making things that we do from buying things. If you draw something you're proud of or write something you enjoy, you've now got a new thing in your life that makes you happy. Buying a new gadget might give you a similar rush, but it's also probably more temporary. Of course, our recommendation can cost money, too. However, when you can't spend money, you can always learn more about your craft online or practice with what you already have. Even if you end up spending money making things yourself, you're at least building a skill rather than a collection of stuff that's quickly decreasing in value.

① misconceptions about gadget collecting as a hobby
② why creating things is better than shopping
③ negative effects of expensive hobbies
④ ways to purchase clothing wisely

16 다음 글의 제목으로 가장 적절한 것은?

Overprotective parents spare kids from all natural consequences. Unfortunately, their kids often lack a clear understanding of the reasons behind their parents' rules. They never learn how to bounce back from failure or how to recover from mistakes because their parents prevented them from making poor choices. Rather than learning, "I should wear a jacket because it's cold outside," a child may conclude, "I have to wear a jacket because my mom makes me." Without an opportunity to experience real-world consequences, kids don't always understand why their parents make certain rules. Natural consequences prepare children for adulthood by helping them think about the potential consequences of their choices.

① Dark Sides of the Virtual World
② Let Natural Consequences Teach Kids
③ The More Choices, the More Mistakes
④ The Benefits of Overprotective Parenting

17 Nauru에 관한 다음 글의 내용과 일치하지 않는 것은?

Nauru is an island country in the southwestern Pacific Ocean. It is located about 800 miles to the northeast of the Solomon Islands; its closest neighbor is the island of Banaba, some 200 miles to the east. Nauru has no official capital, but government buildings are located in Yaren. With a population of about 10,000, Nauru is the smallest country in the South Pacific and the third smallest country by area in the world. The native people of Nauru consist of 12 tribes, as symbolized by the 12-pointed star on the Nauru flag, and are believed to be a mixture of Micronesian, Polynesian, and Melanesian. Their native language is Nauruan, but English is widely spoken as it is used for government and business purposes.

① 솔로몬 제도로부터 북동쪽에 위치해 있다.
② 공식 수도는 없으나 Yaren에 정부 건물이 있다.
③ 면적이 세계에서 세 번째로 작은 국가이다.
④ 모국어가 있어 다른 언어는 사용하지 않는다.

18 다음 글의 요지로 가장 적절한 것은?

Recent studies show some interesting findings about habit formation. In these studies, students who successfully acquired one positive habit reported less stress; less impulsive spending; better dietary habits; decreased caffeine consumption; fewer hours spent watching TV; and even fewer dirty dishes. Keep working on one habit long enough, and not only does it become easier, but so do other things as well. It's why those with the right habits seem to do better than others. They're doing the most important thing regularly and, as a result, everything else is easier.

① 한 번 들인 나쁜 습관은 쉽게 고쳐지지 않는다.
② 나이가 들어갈수록 좋은 습관을 형성하기 힘들다.
③ 무리한 목표를 세우면 달성하지 못할 가능성이 크다.
④ 하나의 좋은 습관 형성은 생활 전반에 긍정적 효과가 있다.

19 다음 글의 내용과 일치하지 않는 것은?

It's not clear if Winston Churchill ever said, "Never let a good crisis to go waste," but it's a maxim that some UK-based entrepreneurs appear to live by. Uk's company register data shows how capitalism is exploiting the catchiest crisis buzzwords. As of July 2021, 269 companies registered since 2010 used "Covid" in the name, and another 163 with "Brexit". As for the other major signs of our times, a serch for "bitcoin," "blockchain," and "crypto" reveals 416, 576, and 937 registrations respectively – with most fied during the crypto bubble of 2017. What about the Covid companies registered pre-2020? There's no grand conspiracy; in most cases, those businesses simply renamed themselves after the global pandemic broke out.

① Company names often reflect the world they live in, even if the names have negative connotations.
② Examples of "crisis" include "bitcoin", "blockchain", and "crypto".
③ A conspiracy exists behind the use of "Covid" in company names and the timing of the pandemic.
④ It is a sheer coincidence that some companies established after 2020 had "Covid" in their names.

20 다음 글의 제목으로 가장 적절한 것은?

The problems we face in conserving natural resources are laborious and complex. The preservation of even small bits of marshlands or woods representing the last standards of irreplaceable biotic communities is interwoven with the red tape of law, conflicting local interests, the overlapping jurisdiction of governmental and private conservation bodies, and an intricate tangle of economic and social considerations. During the time spent in resolving these factors, it often happens that the area to be preserved in swallowed up. Even more formidable is the broad scale conservation problem raised by the spread of urban belts in such places as the northeastern part of the United States. The pressures of human growth are so acute in such instances that they raise which would tax the wisdom of Solomon.

① Best Ways to Conserve Natural Resources
② Education for Eco-friendly Future
③ Living with Biotic Communities
④ Hindrance to Conservation

Part 03

Text Pattern(지문패턴) 정답과 해설

CHAPTER 01
Patterns for 예측 & 속독

1. G/S Pattern (General Statement → Specific Statements) (두괄식)
2. S/G Pattern (Specific Statements → General Statement) (미괄식)
3. Cause & Effect Pattern (원인 & 결과)
4. Problem & Solution Pattern (문제 & 해결)
5. Q & A (질의 & 응답)

CHAPTER 02
Patterns for 예측 & 속독

6. Description Pattern (서술)
7. Comparison & Contrast Pattern (비교 & 대조)
8. Listing Pattern (나열)
9. Time Order Pattern (시간순서) / Spatial Order Pattern (장소순서)
10. Adversative Pattern (역접)

Practice Test
지문패턴 Check

CHAPTER 01 Patterns for 예측 & 속독

1 G / S Pattern(General Statement → Specific Statements 두괄식)

01 교실 안의 소음은 의사소통 패턴과 주의를 기울이는 능력에 부정적인 영향을 미친다. 그러므로 지속적으로 소음에 노출되는 것이 특히 읽기와 읽기 학습에 미치는 소음의 부정적인 영향 면에서 아이들의 학업 성취와 관계가 있다는 것은 놀랍지 않다. 몇몇 연구자들은 유치원 교실이 소음 수준을 낮추도록 바뀌었을 때 아이들이 서로에게 더 자주 말을 걸고 더 완전한 문장으로 말했으며 아이들의 읽기 전 시험 성적이 향상되었다는 사실을 발견했다. 나이가 더 많은 아이들을 대상으로 한 연구는 비슷한 결과를 보여 준다. 읽기와 수학 시험에서 시끄러운 학교나 교실의 초등학생과 고등학생은 더 조용한 환경의 학생들보다 일관되게 성취 수준이 낮다.

① 소음이 학업 성취도에 미치는 영향들
② 교실 디자인의 새로운 트렌드들
③ 시끄러운 학급을 통제하는 방법들
④ 다양한 종류의 독서 활동들

정답
①

- [ ] noise 소음
- [ ] effect 영향
- [ ] ability 능력
- [ ] pay attention 주의를 기울이다
- [ ] thus 그러므로
- [ ] constant 지속적인, 끊임없는
- [ ] exposure 노출
- [ ] be related to ~과 관계가 있다
- [ ] achievement 성취
- [ ] preschool 유치원
- [ ] reduce 줄이다
- [ ] performance 성적, 성과, 수행
- [ ] pre-reading 읽기 전의
- [ ] improve 향상하다
- [ ] suggest 보여 주다, 제안하다
- [ ] consistently 일관되게
- [ ] perform 성취하다, 실행하다
- [ ] setting 환경
- [ ] impact 영향

02 전 세계의 도시에서 행해진 연구들은 도시의 매력으로서의 생활과 활동의 중요성을 보여 준다. 사람들은 무언가 일이 일어나고 있는 곳에 모이고 다른 사람들의 존재를 찾는다. 텅 빈 거리 혹은 활기찬 거리를 걷기라는 선택에 직면하면, 대부분의 사람들은 생활과 활동으로 가득한 거리를 선택할 것이다. 걷는 그 길이 더 흥미로울 것이고 더 안전하게 느껴질 것이다. 사람들이 공연을 하거나 음악을 연주하는 것을 볼 수 있는 행사는 많은 사람들을 끌어들여 머무르면서 구경하게 한다. 도시 공간의 벤치와 의자에 대한 연구들은 다른 사람들을 볼 수 없는 자리보다 도시의 생활을 가장 잘 볼 수 있는 자리가 훨씬 더 자주 이용된다는 것을 보여 준다.

① 그 도시의 가장 큰 명소: 사람들
② 도시를 떠나 시골에 살아라
③ 도시에 더 많은 공원 만들어라
④ 붐비는 거리에서 외로움을 느끼는 것

정답
①

- [ ] urban 도시의
- [ ] attraction 매력
- [ ] face 직면하다
- [ ] lively 활기찬
- [ ] perform 공연하다
- [ ] frequently 자주
- [ ] crowded 붐비는, 혼잡한
- [ ] ancient 고대의
- [ ] tourist attraction 관광 명소

03 소비자들은 일반적으로 높은 위험을 무릅쓰는 것을 불편해한다. 그 결과, 소비자들은 대개 위험을 줄이기 위해 많은 전략을 사용하도록 동기 부여를 받는다. 소비자들은 온라인 조사를 하거나, 뉴스 기사를 읽거나, 친구들에게 이야기하거나 혹은 전문가에게 자문을 구함으로써 추가 정보를 수집할 수 있다. 소비자들은 또한 그 제품이 적어도 자신들의 지난번 구매만큼은 만족스러울 것이라고 믿으면서, 자신들이 지난번에 샀던 바로 그 브랜드를 구매하여 불확실성을 줄인다. 게다가, 어떤 소비자들은 더 안전한 선택을 초래하는 간단한 판단 규칙을 이용할 수도 있다. 예를 들어, 어떤 이는 가장 비싼 물건을 사거나, 아주 많이 광고되는 브랜드가 다른 브랜드들보다 더 품질이 높다고 믿고 이 브랜드를 선택할 수도 있다.

① 너무 많은 정보가 스트레스를 일으킴
② 광고: TV 시청자들에게 소음
③ 위험 감수: 더 큰 수익의 원천
④ 안전한 구매: 소비자들이 열심히 추구하는 것

☐ uncomfortable 불편한
☐ be motivated to ~하도록 동기 부여되다
☐ strategy 전략
☐ additional 추가적인, 부가적인
☐ conduct (특정한 활동을) 하다
☐ article 기사
☐ consult (전문가에게) 자문을 구하다
☐ uncertainty 불확실성
☐ satisfactory 만족스러운
☐ purchase 구매
☐ employ 이용하다; 고용하다
☐ decision rule 판단 규칙
☐ result in ~을 초래하다, ~라는 결과를 낳다
☐ offering 제공된 것[물품]
☐ profit 수익
☐ pursue 추구하다
☐ eagerly 간절히, 열망하여

정답 ④

---

04 달은 많은 면에서 지구와 다르다. 우선, 달에는 알려진 생명체가 없다. 그리고 크기 면에서 달은 지구보다 훨씬 작다. 당신은 아마도 달과 지구가 모두 같은 둥근 모양이라고 생각할지도 모른다. 그러나 엄격히 말해서 그들은 똑같지 않다. 달은 거의 완벽한 구이다; 그것의 직경이 어느 방향에서건 차이가 1%를 넘지 않는다. 천체의 물체가 더 빨리 회전할수록 그것의 적도 부분이 볼록해지며 극 쪽은 평평해진다. 달이 지구보다 더 천천히 돌기 때문에 그것은 거의 동그란 구이다.

① 따라서 회전하는 물체들은 달과 지구를 제외하고는 그들의 모양에 약간의 변화를 겪는다.
② 달이 지구보다 더 느리게 자전하기 때문에, 달은 더 구형에 가깝다.
③ 게다가, 달의 지름은 지난 100년 동안 다양했다.
④ 사실, 달의 밀도와 중력을 고려할 때 달의 구형은 다소 의외다.

☐ spherical 구의, 구 모양의
☐ diameter 직경, 지름
☐ no more than 단지
☐ astronomical 천체의
☐ spin 회전하다
☐ bulge 볼록 튀어나오다
☐ equator 적도
☐ flatten 납작해지다
☐ pole (지구의) 극

정답 ②

05 비록 잉카 문명과 아즈텍 문명이 무역의 기회와 권력을 쫓아서 엄청난 거리를 갔지만, 이 문명들이 우연히 마주친 적이 있다는 증거는 없다. 종종 망각되는 것은 아즈텍과 잉카 왕국 사이의 거리가 직선으로 2천 마일이며, 중남미의 산악 지대를 걸어서 통과하는 것은 훨씬 더 멀며, 현재 적어도 8개의 다른 나라들이 속한 영토를 통과하는 거리라는 것이다. 따라서 비록 스페인 침입자들이 그들을 모호하게 "인도의 공화국"의 일부로 보았으며 이러한 위대한 두 문명은 오늘날 종종 대중의 상상 속에서 하나로 취급되지만, 그 두 문명은 사실상 매우 떨어져 있다.

① 잉카와 아즈텍은 서로에 대해 알고 있었나?
② 두 문명을 고립시키기 위한 스페인의 정책은 무엇이었는가?
③ 왜 잉카와 아즈텍은 종종 단일 문화로 오해받는가?
④ 잉카와 아즈텍은 어떻게 서로 거리를 유지했는가?

정답
①

- [ ] civilization 문명
- [ ] cover a distance ~의 거리를 가다
- [ ] in pursuit of ~을 쫓아서, ~를 추구하여
- [ ] opportunity 기회
- [ ] evidence 기회
- [ ] cross path 우연히 마주치다
- [ ] forget 잊다
- [ ] distance 거리
- [ ] realm 왕국; 영역
- [ ] perhaps 아마도
- [ ] as the crow flies 일직선으로
- [ ] further 더 멀리에
- [ ] on foot 걸어서, 도보로
- [ ] mountainous terrain 산악 지형, 산악 지대
- [ ] belong to ~에 속하다
- [ ] territory 지역, 영역
- [ ] pass through 통과하다, ~를 빠져 나가다
- [ ] invader 침입자, 침략자
- [ ] nebulous 흐릿한, 모호한
- [ ] lump together 일괄하다, 똑같이 취급하다
- [ ] popular 대중의; 인기 있는
- [ ] imagination 상상
- [ ] in reality 사실은, 사실상
- [ ] distant 먼, 동떨어진

2 S / G Pattern(Specific Statements → General Statement 미괄식)

06 만약 당신이 갓 구운 빵 냄새가 나는 방으로 걸어 들어간다면, 꽤나 기분 좋은 그 냄새를 금방 알아차리게 된다. 하지만, 몇 분 동안 방에 머무르면 그 냄새는 사라지는 것 같다. 사실, 냄새를 다시 일깨우는 유일한 방법은 방을 나간 후 다시 들어오는 것이다. 정확히 똑같은 개념이 행복을 포함한 우리 삶의 많은 방면에 적용된다. 모든 사람에게는 행복을 느끼는 무언가가 있다. 아마도 사람들은 소중한 동반자, 건강, 만족스러운 직업, 보금자리, 충분한 음식을 갖고 있을 것이다. 그러나 시간이 지남에 따라, 사람들은 그들이 가진 것에 익숙해지고, 마치 갓 구운 빵 냄새처럼 이런 소중한 것들은 의식 속에서 사라진다. 속담에서 말하듯이 사람들은 우물이 마른 후에야 물의 소중함을 알게 된다.

- ☐ freshly 갓 ~ 한
- ☐ detect 발견하다, 감지하다, 알아내다
- ☐ disappear 사라지다
- ☐ reawaken 다시 불러일으키다
- ☐ exact 정확한, 정밀한
- ☐ concept 개념
- ☐ apply to ~에 적용되다
- ☐ including ~을 포함하여
- ☐ satisfying 만족스러운
- ☐ roof 지붕
- ☐ get used to ~에 익숙해지다
- ☐ asset 자산, 소중한 것
- ☐ consciousness 의식
- ☐ proverb 속담

정답 ④

07 만일 그것들이 적절하게 사용된다면 두려움과 그것에 수반되는 고통은 인간과 동물이 소유한 가장 유용한 것들 중 두 개다. 만약에 불에 데었을 때 불이 아프지 않다면 아이들은 그들의 손이 다 타버릴 때까지 불을 가지고 놀 것이다. 유사하게 만일 고통이 존재하지만 두려움이 없다면 아이는 계속해서 스스로 데일 것이다. 왜냐하면 두려움이 이전에 그를 데이게 했던 불로부터 멀어지도록 경고하지 않을 것이기 때문이다. 실제로 두려움 없는 군인 - 그런 사람들이 일부 존재한다 - 은 훌륭한 군인이 아니다. 왜냐하면 그가 곧 죽을 수 있기 때문이다. 그리고 죽은 군사는 그의 군대에 아무런 소용이 없다. 두려움과 고통은 따라서 두 개의 보호물이다. 그것이 없다면 인간과 동물들은 곧 사멸할 것이다.

① 군인들에게 두려움과 고통의 모호함
② 두려움과 고통의 필수불가결함
③ 두려움과 고통에 대한 반감
④ 두려움과 고통에 대한 아이들의 연상

- ☐ obscurity 모호함
- ☐ indispensability 필수 불가결함
- ☐ disapproval 반감, 반대
- ☐ association 연계, 유대

정답 ②

08 50년 전 어느 화창한 봄 아침에, 벨연구소(Bell Laboratories)에서 두 명의 천문학자들이 뉴저지(New Jersey) 위로 하늘을 향해 조준된 20피트의 뿔 모양 안테나를 조정하고 있었다. 그들의 목표는 지구의 고향인 은하계를 측정하는 것이었다. 로버트 윌슨(Robert W. Wilson)과 아르노 펜지어스(Arno A. Penzias)가 당혹스럽게도 은하계 너머로부터 모든 방향에서 들려오는 계속적인 전파신호들의 쉿 소리를 들었다. 그것은 우주배경복사, 즉 약 138억 년 전에 우주가 갑자기 생기게 한 에너지와 물질의 태곳적 폭발의 잔여물이었다. 과학자들은 최초로 1931년에 조지 르메트르(Georges Lemaitre)가 제안했던 빅뱅이론을 입증할 이론을 발견했다.

① 그 빛은 빅뱅이론을 배제하는 데 도움이 된다.
② 그 기이한 신호들은 우주가 정지된 상태임을 의미한다.
③ 우주는 특이한 시작 없이 정지된 상태였다.
④ 그 방사능은 르메트르가 이론화했던 폭발의 잔여효과이다.

- astronomer 천문학자
- horn-shaped 뿔 모양의
- Milky Way galaxy 은하계
- to one's puzzlement 당황스럽게도
- radio signal 전파신호
- insistent 계속되는, 고집하는
- hiss 쉿 하는 소리
- cosmic microwave background radiation 우주배경복사
- residue 잔여물
- primordial 태고의, 원시 시대부터의
- give rise to ~이 생기게 하다
- rule out 배제하다
- singular 특이한, 주목할 만한
- radiation 방사능
- residual effect 잔여 효과

정답
④

09 어머니의 날에 예배에 참석한 88세의 한 여성이 참석한 여성 중 최고령의 어머니란 이유로 목사로부터 작은 꽃 한 송이를 받았다. 목사가 그녀에게 꽃을 달아주면서 신도들에게 말했다. "이 여성분이 이토록 나이가 드셨다는 게 아주 멋지지 않습니까? 그의 마이크에 다가가서 그녀가 답했다. "전 너무 나이든 게 아닙니다. 전 단지 이 세상에 온 지 오래됐을 뿐입니다." 이 사례에서, 단어 선택과 개인이 갖고 있는 이러한 단어에 대한 생각이 단어의 의미를 추정하는데 영향을 준다. 그 목사의 말과 그 어머니의 말은 본질적으로 같은 것이었다. 그러나 그들의 단어 선택은 서로 다른 감정적 태도나 어감을 전달했다.

① 언어는 당신이 하는 추론에 영향을 준다.
② 추론은 상황에 따라 영향을 받는다.
③ 단어들은 많은 상반된 의미를 가지고 있다.
④ 당신의 믿음은 당신이 하는 추론에 영향을 준다.

- attend 참석하다, 참여하다
- bouquet 꽃, 꽃다발
- minister 목사
- pin 핀으로 꽂다, 고정시키다
- congregation 집회, 신도
- assumption 가정, 생각
- inference 추론
- carry 전달하다
- reaction 반응, 반동, 반항
- connotation 함축, 어감, 말에 담긴 뜻
- circumstance 상황, 환경
- conflict 충돌하다, 상충하다
- on the basis of ~을 토대로

정답
①

10 개인적인 고난을 경험한 많은 부모들은 그들의 자녀가 더 나은 삶을 살기를 바란다. 자녀가 불쾌한 경험을 겪지 않도록 해주고자 하는 것은 고귀한 목적이고, 그것은 당연히 자녀에 대한 사랑과 염려로부터 나오는 것이다. 그러나 이러한 부모들이 깨닫지 못하는 것은 그들이 단기적으로는 자녀의 삶을 좀 더 즐겁게 만들어주고 있을지 모르지만, 장기적으로는 그들의 자녀가 자신감, 정신력, 그리고 중요한 대인 기술을 습득하는 것을 막고 있을지도 모른다는 것이다. 19세기의 영국 작가인 Samuel Smiles는 "희망, 욕망, 그리고 분투의 여지를 남기지 않은 채, 자신의 노력 없이 그의 모든 소망에 대한 완전한 만족보다 인간에게 가해지는 더 심한 저주가 과연 있을까 하는 의문이 든다."라고 썼다. 건전한 발달을 위해 아이는 실패를 다루고 어려운 시기를 거쳐 발버둥 치며 고통스러운 감정을 경험할 필요가 있다.

① 전통적인 육아 관행의 장점들
② 아이들의 신체 발달에 중요한 요소들
③ 자녀에 대한 부모의 정서적 지원의 중요성
④ 아이에게 어려움을 겪게 하는 부모의 필요성

정답
④

- hardship 어려움, 곤란
- desire 바라다, 원하다; 욕망
- spare (불쾌한 일을) 모면하게 [겪지 않아도 되게] 하다
- go though 겪다, 경험하다
- noble 고귀한
- stem from ~에서 기인하다, 유래하다, 생겨나다
- in the short term 단기적으로
- in the long term 장기적으로
- prevent 막다, 방해하다
- acquire 습득하다, 획득하다
- self-confidence 자신감
- mental strength 정신력
- interpersonal skill 대인 관계에 익숙함, 대인기술
- curse 저주
- gratification 만족(감), 희열
- struggle 투쟁, 분투
- deal with ~을 다루다, 처리하다; ~와 거래하다

3 Cause & Effect Pattern (원인 & 결과)
4 Problem & Solution Pattern (문제 & 해결)

11 실외용 캔버스 천은 물, 태양, 그리고 다른 요소들에 의해 쉽게 곰팡이가 필 수 있다. 이 곰팡이는 제거가 불가능하고 천을 손상시킬 수 있다. 그것을 방지하기 위해서 당신은 캔버스를 방수처리 할 필요가 있다. 한 가지 방법은 왁스 토막을 사용하는 것이다. 왁스 토막을 캔버스위에 문지르면 자연스럽게 방수가 된다. 그러나 왁스는 천의 외관을 변화시킬 수 있다. 왁스와 관련된 또 다른 문제점은 작은 부분에 적용하기 어렵다는 것이다. 더 나은 방법은 실리콘 스프레이를 사용하는 것이다. 이 스프레이들은 비싸지 않고 천이 물 때문에 손상되는 것을 쉽게 막아준다. 최대한의 보호를 위해 고르게 천 전체를 코팅해라.

- ☐ canvas (텐트, 돛)의 천
- ☐ fabric 천
- ☐ moldy 곰팡이가 피는
- ☐ due to ~ 때문에
- ☐ mold 곰팡이
- ☐ remove 제거하다
- ☐ waterproof 방수
- ☐ wax 밀랍, 왁스
- ☐ appearance 모습, 외모, 외관
- ☐ inexpensive 비싸지 않은

정답
④

12 어떤 부모든 아기들이 실제 쇼보다 광고를 더 흥미로워한다는 것을 당신에게 말해 줄 수 있다. 그 이유는? 광고는 특이한 시각적 경험을 만드는 일련의 이미지들을 빠르게 제공함으로써 아이들의 주목을 효과적으로 이끌어 낸다. 텔레비전용 광고를 제작할 때 광고 내용은 이처럼 잘 만들어진 형상화된 이미지에 부차적이다. 각각의 이미지는 기껏해야 몇 초 동안만 지속된 후 우리의 관심이 다른 데로 가지 못하도록 하기 위해 또 다른 흥미로운 이미지로 대체된다. 이러한 촬영 기법은 당연히 시청자들에게, 특히 아이들에게 상당한 역효과를 가진다. 연구가들은 텔레비전을 자주 보는 어린아이들이 나이가 들었을 때 학습에 방해가 되는 저조한 주의 지속 기간이 발생할 가능성이 더 높다는 것을 발견했다. 광고는 이런 일이 일어나는 주된 이유들 중 하나일지도 모른다.

- ☐ commercial 상업 광고
- ☐ grab 붙잡다, 움켜쥐다
- ☐ attention 주의, 집중
- ☐ replace 교체하다
- ☐ adverse effect 역효과, 악영향, 부작용
- ☐ attention span 주의 지속 기간

① TV 광고의 내용은 시각적인 이미지보다 덜 중요하다.
② 상업적 생산 기술은 어린이들에게 부정적인 영향을 미칠 수 있다.
③ 유아들은 실제 쇼보다 광고를 보는 것에 더 관심이 있다.
④ 광고에서 흥미로운 이미지는 관심을 줄이기 위해 빠르게 바뀐다.

정답
④

13 언론인들이 이러한 객관적인 세상에 대한 그들의 믿음에 대해 공언하지만, 그것을 인식하는 그들의 능력에 대해서는 자신감을 거의 가지고 있지 않다. '객관적인' 보도에 대한 규범들은 이와 같이 그들의 진실성과 상관없이 어떤 문제에 대한 '양측의 입장'을 제시하는 것을 포함한다. 따라서 우리는 사실을 입증하려고 체계적으로 시도하는 언론인은 - 어떤 사실이 더 정확한지를 말하는 것 - 다른 한쪽에 비해 어떤 쪽을 선호함으로써 자신의 객관성을 버렸다는 비난을 받을 위험성을 갖게 된다는 통렬한 아이러니를 갖게 된다.

① 이데올로기와 저널리즘
② 진실의 검증
③ 객관적 보도의 함정
④ 객관적 보도의 규범들

정답
③

- journalist 언론인
- profess 공언하다
- objective 객관적인
- confidence 자신감
- norm 규범
- recognize 인식하다, 알아보다
- regardless of ~와 상관없이
- veracity 진실성
- poignant 통렬한, 신랄한
- verify 입증하다
- accurate 정확한
- accuse 비난하다
- abandon 버리다, 포기하다
- favor 선호하다
- promote 촉진하다
- lurk ~에 도사리고 있다, 숨어있다

14 인간은 대인 관계를 형성하고 유지하려는 타고난 욕구에 의해 움직인다. 이러한 관점에서, 인간은 근본적인 욕구를 충족시키기 위해 타인과의 관계를 추구하며, 이 욕구는 일생에 걸쳐 많은 감정, 행동, 그리고 결정들의 기초가 된다. 아마도, 소속되려는 욕구는 사회적 종으로서의 인간 진화 역사의 산물이다. 인간은 식량의 공급, 포식자로부터의 보호, 그리고 필수적인 지식의 습득을 위해 타인들의 협력에 오랫동안 의존해 왔다. 사회적 유대의 형성과 유지가 없었다면, 초기 인간들은 아마도 그들의 물리적 환경에 대처하거나 적응하지 못했을 것이다. 따라서 친밀함과 의미 있는 관계를 추구하는 것은 오랫동안 인간의 생존에 필수적이었다.

① 진화의 필수 요소로서의 감정
② 다른 사람들과 협력하는 데 어려움들
③ 다른 사람들과 친밀한 관계를 유지하는 방법들
④ 인간의 생존을 위한 사회적 유대감을 구축할 필요성

정답
④

- natural desire 타고난 욕구
- maintain 유지하다; 주장하다; 부양하다
- interpersonal relationship 대인 관계
- perspective 관점
- seek 찾다, 추구하다, 구하다
- fundamental 근본적인
- underlie ~의 기저를 이루다, ~의 기초가 되다
- belong 속하다
- evolutionary 진화의
- depend on ~에 의존하다; ~에 달려있다
- cooperation 협동, 협력
- predator 포식자
- acquisition 습득
- essential 필수적인
- social bond 사회적 유대
- cope with ~을 대처하다
- adapt 적응하다
- closeness 가까움; 친밀함, 정확, 정밀
- meaningful 의미 있는
- vital 필수적인

15 인터넷은 언론과 표현의 자유를 고무해 왔다. 인터넷은 전 세계 사람들에 의해 공유되는 매우 큰 공동의 공적 영역이다. 인터넷 사용자들의 다양성 때문에 인터넷상의 언론을 통제하기 위한 어떤 하나의 기준이 적용될 수 없다. <u>게다가</u> 인터넷 기술 자체가 그 어느 누구도 정보의 자유로운 흐름을 막지 못하게 한다. 1990년 말에 많은 나라들이 인터넷상에서 가능한 언론의 자유에 두려워져서 그것을 제한하려고 했다. 싱가포르에서는 정치적 종교적 사이트들에게 정부에 등록해야 한다고 주장했다. 중국은 모든 인터넷 사용자들이 경찰에 등록해야 한다고 명령했다. 그리고 사우디아라비아는 인터넷 사용을 대학과 병원에만 한정했다. <u>그러나</u> 인터넷의 속성상 이러한 노력들 중 어떤 것도 그다지 큰 지속적 효과를 갖지 못했다.

- ☐ encourage 격려하다, 고무하다, 권장하다, 부추기다
- ☐ govern 통지하다, 지배하다, 통제하다
- ☐ diversity 다양성
- ☐ alarm 불안하게 만들다, 두렵게 만들다
- ☐ restrict 제한하다, 한정하다
- ☐ insist 주장하다
- ☐ register 등록하다
- ☐ nature 속성
- ☐ lasting 지속적인

① 게다가 - 그러나
② 그러나 - 예를 들어
③ 예를 들어 - 게다가
④ 다르게 - 그러나

정답
①

---

16 고속도로와 도로에 차량숫자가 급속도로 증가하고 있다. 운전자들이 목적지에 너무 서둘러 도착하려다 보니 많은 운전자들이 너무 느리거나 그들을 막는 다른 운전자들에게 화가 나고 조급해 진다. 난폭 운전자들은 여러 위험한 방식으로 다른 사람들을 어리석게 대한다. 첫 번째 방식은 화난 운전자가 다른 운전자들을 멈추게 하는 것이다. 또 다른 방식은 다른 차를 바짝 따라 가는 것이다. 다른 차들을 멈추게 하고 바짝 따라가는 것과 더불어, 난폭 운전자들은 그들의 분노를 표출하기 위해 무례한 말이나 몸짓을 자주 사용한다. 비록 법률 집행기관들이 운전자들에게 난폭운전에 대해 경고하지만, 그들의 분노 충동에 따라 행동하는 사람들의 숫자가 줄지 않는다. 난폭 운전자들은 다른 사람들을 위험해 빠뜨린다. 왜냐하면 어리석게 행동하고 운전함으로써 <u>위험한 상황들을 만들어 내기</u> 때문이다. 그들은 그들의 분노를 통제하고 안전하게 운전하는 법을 배워야 한다.

- ☐ freeway 고속도로
- ☐ at an alarming rate 급속도로
- ☐ impatient 조급한
- ☐ be in one's way ~의 길을 막다
- ☐ aggressive 공격적인
- ☐ cut off 막다, 중단시키다, 방해하다
- ☐ tailgate (다른 차를) 바짝 따라 달리다
- ☐ impulse 충동
- ☐ endanger 위험에 빠뜨리다
- ☐ hazardous 위험한

① 단기 계획을 세우기
② 위험한 상황들을 만들어 내기
③ 교통경찰을 비판하기
④ 사고 건수를 줄이기

정답
②

5 Q & A Pattern (질의 & 응답)

17 개가 달리다가 방향을 바꿀 때 왜 넘어지지 않는지 궁금해 본 적이 있는가? 개는 달리다가 재빨리 방향을 바꿔야 할 때, 자기가 가려고 하는 방향으로 몸의 앞부분을 내던진다. 개의 등은 휘지만 몸의 뒷부분은 여전히 원래의 방향으로 계속 가려고 할 것이다. 당연히 이 회전 동작으로 인해 몸의 뒷부분이 크게 흔들릴 수도 있다. 그래서 급회전을 하려고 할 때, 이것은 개가 움직이는 속도를 많이 늦추거나 심지어 넘어지게 할 수도 있다. 하지만 개의 꼬리는 이것을 방지하도록 돕는다. 개가 회전하는 방향과 같은 방향으로 꼬리를 내던지는 것이 경로를 이탈하려는 경향을 줄이는 역할을 한다.

① 개의 무게가 속도에 미치는 영향
② 균형을 유지하는 데 있어 개 꼬리의 역할
③ 개의 나쁜 행동을 유발하는 요인들
④ 개를 적절하게 훈련시키는 것의 중요성

☐ wonder 궁금해 하다; 경이로운 것 경탄
☐ fall over 넘어지다
☐ throw 던지다
☐ hind 뒤쪽의
☐ continue 지속하다
☐ result in 초래하다
☐ swing 흔들리다
☐ rate 속도
☐ tail 꼬리
☐ prevent 막다, 방해하다
☐ tendency 경향
☐ spin 회전하다, 회전시키다
☐ off course 진로에서 벗어나서, 경로 밖으로

정답
②

18 당신은 다른 사람들이 그들의 행동을 바꾸려고 하고 있을 때 어떻게 그들을 격려하는가? 다이어트 중이며 몸무게가 많이 줄고 있는 한 친구를 당신이 만난다고 가정해 보자. 그녀가 멋져 보이고 기분이 정말 좋겠다고 그녀에게 말하고 싶을 것이다. 누구든 긍정적인 말을 듣는 것은 기분이 좋고 이런 피드백은 종종 고무적일 것이다. 그러나 만약 당신이 거기서 대화를 끝낸다면, 당신의 친구가 받게 되는 유일한 피드백은 결과를 향한 그녀의 진전에 대한 것뿐이다. 대신, 그 대화를 계속해라. 그녀의 성공을 가능케 한 어떤 것을 하고 있는지 물어라. 그녀가 무엇을 먹고 있는가? 그녀가 어디서 운동을 하고 있는가? 그녀가 만들어 낸 생활양식의 변화는 무엇인가? 그 대화가 결과보다 변화의 과정에 초점을 맞출 때, 그것은 지속 가능한 과정을 만들어 내는 가치를 강화시킨다.

☐ encourage
   고무하다, 격려하다, 용기를 주다
☐ behavior 행동
☐ suppose 생각하다, 추정하다
☐ tempting 솔깃한, 구미가 당기는
☐ outcome 결과
☐ progress
   진전, 진척, 진행; 앞으로 나아가다
☐ work out 운동하다
☐ reinforce 강화하다
☐ sustainable 지속가능한, 유지 가능한

정답
④

19 우리는 어떻게 우리 아이들이 광범위한 정보를 기억하도록 가르칠 수 있을까? 내가 여러분에게 모든 사람은 반복에 의한 암기를 통해 많은 양의 정보를 저장하고, 관리하고, 기억하도록 만들어진 두뇌를 갖고 있는 잠재적인 천재라는 것을 증명하겠다. 여러분이 가장 많이 쇼핑을 하는 식료품점을 상상해 보라. 내가 여러분에게 달걀이 어디 있는지 말해 달라고 한다면, 그렇게 할 수 있겠는가? 당연히 여러분은 할 수 있을 것이다. 보통의 식료품점에는 만 개가 넘는 품목을 취급하지만, 여러분은 그 물건 대부분을 어디에서 찾을지 빠르게 말할 수 있다. 왜 그럴까? 그 가게는 범주별로 정리되어 있으며, 여러분은 그 가게에서 반복적으로 쇼핑을 했다. 다시 말해서, 여러분은 그 정리된 물건을 계속 봤고, 범주에 의한 배열은 여러분이 그 가게의 배치를 기억하기 쉽게 해 준다. 여러분은 한 매장에서만 해도 만 가지 품목을 범주화할 수 있다.

① 지나친 반복은 창의력을 죽인다
② 당신의 기억이 아닌 당신의 메모를 믿어라
③ 식료품점: 건강이 시작되는 곳
④ 반복 및 분류: 기억의 열쇠

☐ memorize 기억하다, 암기하다
☐ range 범위
☐ potential 잠재적인
☐ genius 천재
☐ store 저장하다; 가게
☐ repetition 반복
☐ grocery store 식료품점
☐ carry (가게에서 상품을) 취급하다
☐ average 보통의, 평균적인
☐ category 범주
☐ arrangement 배열
☐ layout 배치
☐ categorize 범주화하다

정답
④

CHAPTER 02 Patterns for 예측 & 속독

6 Description Pattern (서술)

01 Dorothy West는 1907년 6월 2일에 태어났고, 할렘 르네상스 작가 중 한 명으로 기억된다. West 작품의 소재는 주로 부유한 아프리카계 미국인의 삶에 초점이 맞춰졌다. 1948년 출판된 그녀의 첫 소설 'The Living Is Easy'는 평론가들로부터 긍정적인 반응을 얻었지만, 많은 독자를 끌어들이는 데 실패했다. 그녀는 1950년에 두 번째 소설 'The Wedding'을 썼지만, 출판업자를 찾지 못해 그것을 미완으로 두었다. Jacqueline Onassis는 Martha's Vineyard의 지역 신문인 'Daily News'에 West가 기고해 왔던 단편 소설들에 주목했다. Onassis는 West가 그녀의 소설을 완성하도록 독려했고, 그 후 그녀의 편집자 역할을 했다. 그녀의 두 번째 소설은 1995년에 출판되었고 Oprah Winfrey가 제작한 텔레비전 영화로 만들어져, 1998년에 방송되었다. West는 1998년 8월 16일에 사망했다.

정답 ③

- [ ] subject matter 소재
- [ ] primarily 주로
- [ ] novel 소설
- [ ] publish 출판하다, 발표하다
- [ ] receive 받다, 타다
- [ ] critic 평론가
- [ ] attract 마음을 끌다, 끌어들이다
- [ ] incomplete 미완성의
- [ ] publisher 출판업자
- [ ] submit 제출하다; 항복하다; 진술하다
- [ ] encourage 고무하다, 용기를 북돋우다
- [ ] complete 완성하다
- [ ] subsequently 그 뒤에, 나중에
- [ ] editor 편집자
- [ ] air 방송하다

02 아이아이 원숭이는 전 세계에서 가장 큰 야행성 영장류로 인간에 대해 흔치 않은 정도의 대담함을 보여준다. 야생의 아이아이 원숭이는 연구가의 신발을 냄새 맡고 열대우림에서 불쑥 돌연 나타나는 것으로 알려져 왔다. 그것은 여러 면에서 매우 전문화되어 있기 때문에 다른 여우 원숭이들과 다르다. 즉, 그것의 계속 자라나는 앞니(19세기의 일정기간 동안 그것으로 인해 설치류로 간주되었었다), 그것의 커다란 귀(거의 확실하게 죽은 나무에서 곤충 유충의 위치를 파악하는 데 사용된다), 그리고 그것의 긴 골격 같은 중지는 구멍에서 유충을 꺼내는 데 사용된다. 그것이 여우 원숭이들 사이에서 너무도 독특해서 다른 어떤 여우 원숭이들이 그것의 가장 가까운 동족인지를 결정하기가 매우 어려운 것으로 밝혀졌다. 아이아이 원숭이는 매우 독특해서 그것은 영장류의 범주 내에서도 특이할 뿐 아니라, 지구상에서 가장 독특한 포유류들 중 하나이다.

정답 ②

- [ ] aye-aye 아이아이 원숭이, 다람쥐원숭이
- [ ] nocturnal 야행성의
- [ ] primate 영장류
- [ ] unusual 독특한, 흔치 않은
- [ ] fearlessness 겁 없음, 대담함
- [ ] unexpectedly 예상외로, 돌연
- [ ] from nowhere 불쑥, 갑자기
- [ ] sniff 냄새를 맡다
- [ ] lemur 여우 원숭이
- [ ] incisor teeth 앞니
- [ ] rodent 설치류
- [ ] locate 위치를 파악하다
- [ ] larvae 유충
- [ ] skeleton 해골, 골격
- [ ] extract 꺼내다, 추출하다
- [ ] unique 독특한
- [ ] relative 친척, 동족
- [ ] distinctive 독특한
- [ ] mammal 포유류

03 나는 전 세계적으로, 심지어 다른 산업화된 사회에서조차 취침시간이라는 개념이 일반화된 규범이 아니라는 것을 알고 놀랐다. 예를 들어, 이탈리아, 스페인, 그리스와 같은 유럽 남부에서는 전형적으로 아이들이 가족의 늦은 저녁일정에 참여하고, 자신의 침실이 아닌 자동차나 무릎에서 잠을 자는 것이 허락되며, 자는 시간에 대한 어떠한 명시된 시간도 없다. 중앙아메리카와 남아메리카의 가족들에게도 종종 똑같은 일이 발생한다. 마야 사람이나 발리인과 같은 많은 부족 문화들에서, 신생아들과 유아들은 일련의 돌보는 사람들에 의해서 지속적으로 안기거나, 업히거나 혹은 보살핌을 받는다. 그들은 고무젖꼭지, 담요, 혹은 봉제동물인형들과 같은 특별한 수면 보조도구에 대한 필요성 없이 많은 상황들, 심지어 시끄러운 한 낮이나 밤새하는 의식행사에서조차 졸고, 잠들고, 뒤척이고 깬다.

- ☐ notion 개념
- ☐ bedtime 취침시간
- ☐ norm 표준, 규범
- ☐ participate in ~에 참여하다
- ☐ lap 무릎
- ☐ specified 명시된
- ☐ tribal 부족의
- ☐ infant 신생아
- ☐ toddler 유아
- ☐ accompany 동반하다
- ☐ caretaker 돌보는 사람
- ☐ doze 졸다
- ☐ stir 뒤척이다
- ☐ waken 깨다, 일어나다
- ☐ circumstance 환경, 상황
- ☐ ritual observance 의식 행사
- ☐ special sleep aid 특별 수면 보조도구
- ☐ pacifier 고무젖꼭지, 달래는 사람
- ☐ blanket 담요
- ☐ stuffed animal 봉제동물인형
- ☐ caretaker (건물의) 경비원, 관리인, 돌보는 사람

정답
③

04 농작물을 재배하는 데 사용되는 농지의 토양이 토지형성 속도보다 10배에서 40배의 속도로, 삼림지에서 토양침식 속도보다 500배에서 1,000배 빠르게 물과 풍식에 의해 씻겨 내려가고 있다. 그러한 토양침식속도가 토양형성속도보다 너무도 빠르기 때문에 그것은 토양의 절대 손실을 의미한다. 예를 들어서 그것의 농업 생산량이 미국에서 가장 높은 주들 중 하나인 아이오아주 표토의 약 절반이 지난 150년 동안 침식되어 왔다. 가장 최근의 아이오와 방문에서 집주인이 나에게 그러한 토양 손실을 극적으로 알아볼 수 있는 예를 제공하는 교회 경내를 보여주었다. 교회는 19세기 동안 농지의 한 중간인 그곳에 지어졌으며 그 때 이후로 교회로서 계속해서 유지되어 왔다. 그러는 동안 그 주변의 땅은 경작되었다. 교회의 토지보다 농장의 땅이 훨씬 더 빠르게 부식된 결과 교회경내는 현재 농지의 주변 바다보다 10피트 더 높은 작은 섬처럼 서 있다.

① 아이오아의 교회경내는 주변 농지보다 더 높다.
② 아이오아의 농업 생산은 그것의 토지 형성을 가속화 시켰다.
③ 농지에서의 토양 형성속도는 토지 부식속도보다 더 빠르다.
④ 아이오아는 지난 150년 동안 표토를 유지해 왔다.

- ☐ farmland 농지
- ☐ be carried away 씻겨 내려가다
- ☐ erosion 부식, 침식
- ☐ wind erosion 풍식(작용)
- ☐ forested land 삼림지
- ☐ soil erosion 토양침식
- ☐ top soil 표토
- ☐ churchyard 교회 경내
- ☐ visible 알아볼 수 있는, 뚜렷한

정답
①

05 기원전 2000년에 우르(Ur) 도시의 몰락 후에 메소포타미아(Mesopotamia)의 많은 도시들이 아모리(Amorites)에 의해 지배되었다. 아모리의 두 개의 중심도시는 이신(Isin)과 라르사(Larsa)였다. 기원전 1763년에 라르사는 함무라비(Hammurabi)가 이끄는 강력한 군대에 함락되었다. 새로운 지배자는 수메르(Sumer)와 아카드(Akkad)에 바빌로니아(Babylonia)라는 이름을 주었다. 바빌론 도시는 웅장한 사원과 왕궁들을 가지고 있었다. 사람들은 8개의 거대한 청동 문을 통과해 도시로 들어갔다. 가장 웅장한 문은 이슈타르(Ishtar) 문이었는데, 그것은 빛나는 패턴이 있는 벽돌들, 사자, 황소, 용의 그림들로 장식되어 있었다. 바빌론의 구불구불하고 좁은 도로들에 집들이 줄지어 있었다. 대부분은 그것 주위에 방들이 있는 안뜰을 가지고 있었다. 도시 벽들은 문을 가졌는데 그 문들 주위로 상인들이 시장을 형성했다. 시리아(Syria)와 아시리아(Assyria), 그리고 페르시안 걸프(Persian Gulf)처럼 먼 곳에서 온 상인들과 무역상들이 그 시장에서 거래를 하기 위해 모였다. 바빌로니아인들(Babylonians)은 그림으로 된 상징들을 점토판에 새겨서 필록을 남겼다. 바빌론은 무역 뿐 아니라 학문의 중심지가 되었다.

정답
④

- ☐ Ur 우르(고대 수메르인의 도시)
- ☐ stronghold 근거지, 중심지
- ☐ Isin 이신(이라크 남부에 있었던 고대 수메르인의 도시)
- ☐ Larsa 라르사(이라크 남부에 있었던 고대 수메르인의 도시)
- ☐ fall to ~에게 무너지다, 함락되다
- ☐ Sumer 수메르(고대 바빌로니아의 남부지방)
- ☐ Akkad 아카드 (Nimrod 왕국에 있었던 4도시의 하나)
- ☐ temple 사원
- ☐ bronze 청동
- ☐ brick 벽돌
- ☐ bull 황소
- ☐ winding 구불구불한
- ☐ narrow 좁은
- ☐ courtyard 뜰
- ☐ set up 형성하다
- ☐ clay tablet 점토판

06 모든 신비한 장소 중에서도 가장 수수께끼 같은 곳은, 그래서 사람들의 생각에 많은 다른 신비한 곳들의 원천으로 여겨지는 곳은 바로 아틀란티스의 잃어버린 섬이다. 2,000여권의 책과 셀 수 없이 많은 기사와 시의 주제인 아틀란티스는 세계의 여러 유적지와 장소의 긴 목록에서 그 소재가 추적되고 있다. 그 섬이 아마도 차갑고 어두운 대서양의 깊은 곳으로 빠져들어 간 지 몇 천 년 후, 아틀란티스 섬 대륙은 역사적으로 가장 궁금증을 불러일으키는 풀리지 않는 문제점 중의 하나로 남아있다. 그러한 곳이 실제로 존재했다면 그것은 전에도 후에도 그 유례를 찾아볼 수 없는 문명이었다. 하지만 그 곳에 대한 연대기 작가가 말하기를 그것은 하루아침에 사라진 것이나 마찬가지이고 훈적을 남기지 않았다고 한다. 플라톤은 아틀란티스를 아름다운 정원과 온화한 기후를 가진 멋진 땅, 즉 사람들이 훌륭한 저택에서 우아한 여가를 즐기며 살던 곳으로 묘사했다.

정답
③

- ☐ mystic 신비한, 희미한
- ☐ enigmatic 수수께끼 같은, 알 수 없는
- ☐ countless 셀 수 없이 많은
- ☐ gloomy 어두운, 우울한
- ☐ continent 대륙
- ☐ tantalizing 애타게 하는, 안타까운
- ☐ chronicler 연대기 작가
- ☐ vanish 사라지다
- ☐ little more than ~나 마찬가지, ~에 지나지 않는
- ☐ idyllic 목가적인
- ☐ balmy 온화한, 향기로운
- ☐ cultivated 우아한, 교양 있는, 경작된
- ☐ magnificent 훌륭한
- ☐ mansion 저택
- ☐ savage 야만인, 미개인
- ☐ unconfirmed 확인되지 않은
- ☐ paradise 낙원
- ☐ have nothing to do with ~와 관계없다

7 Comparison and Contrast Pattern (비교와 대조)

07 책임의 개념을 논할 때, 우리는 책임과 도덕적 책임을 구별할 필요가 있다. 책임은 사람이 어떤 일이나 부담을 떠맡고 그와 관련된 결과들을 받아들일 때이다. 예를 들어, 만일 당신이 업무를 위한 회의를 조직할 책임을 맡고 있다면, 당신은 그 일을 조직할 일을 맡고 있을 뿐만 아니라, 그것이 성공이든 실패든 간에 당신은 또한 그것의 결과에 대한 책임도 지고 있는 것이다. 이것이 책임이다. 반면에, 도덕적 책임은 개인의 도덕률에 근거한 책임이다. 큰 눈보라 때문에 연설자들 중에 아무도 회의에 참석할 수 없다고 해보자. 당신은 회의의 성공 또는 실패에는 책임이 있지만, 그 실패에 대해 도덕적으로는 책임이 없을 수도 있다.

　　　　(A)　　　　　(B)
① 게다가　　　…… 요컨대
② 게다가　　　…… 대조적으로
③ 예를 들어　…… 같은 방식으로
④ 예를 들어　…… 반면에

정답
④

- [ ] **responsibility** 책임
- [ ] **distinction** 구별, 차이
- [ ] **moral** 도덕적인
- [ ] **take on** 책임을 떠맡다; 고용하다; ~한 성질(모습)을 띠다
- [ ] **task** 일, 과업, 과제
- [ ] **accept** 수용하다, 받아들이다
- [ ] **associated** 연관된, 관련된
- [ ] **consequence** 결과
- [ ] **organize** 조직하다
- [ ] **conference** 회의
- [ ] **outcome** 결과
- [ ] **moral code** 도덕률
- [ ] **snowstorm** 눈보라
- [ ] **in addition** 게다가, 덧붙여
- [ ] **in short** 요컨대
- [ ] **in contrast** 그에 반해서, 그와 대조적으로
- [ ] **in the same way** 같은 방법으로
- [ ] **on the other hand** 다른 한편으로는, 반면에
- [ ] **for example** 예를 들어서

08 감자는 한때 역사상 가장 중요한 식물로 칭송받았고 잉카인들 - 그들의 조상은 남미에서 감자를 재배한 것으로 인정 된다 - 은 감자 신을 숭배했다. 감자는 미국 심장협회에 의해 '심장에 좋은'음식으로 인정받았다. 그리고 3년 전에 유엔은 2008년을 감자의 해로 발표하고 감자를 비타민 C, 여러 비타민 B군, 철, 칼륨, 인, 그리고 마그네슘을 포함한 미네랄의 훌륭한 원천으로 칭찬했다. 그러나 보스턴에 있는 하버드 의대와 하버드 공중 보건대 팀에서 현대 식단에서 감자의 역할을 연구했고 그들은 감자튀김을 매일 1인분 추가로 먹은 사람들이 4년에 걸쳐서 평균 3.4파운드 몸무게가 늘어난 것을 발견했다. 게다가, 매일 감자튀김을 1인분 추가로 와삭와삭 먹은 사람들은 매 4년마다 평균 1.7파운드 늘었다. 전반적으로 칩이 아닌 형태로 준비된 감자를 1인분 추가로 먹으면 4년에 걸쳐 전체 몸무게에 평균 1.3 파운드 증가했다.

① 감자의 기원
② 감자의 장점과 단점
③ 감자 소비의 역사
④ 감자의 시장가치
⑤ 감자 소비의 홍보

정답
②

- [ ] **hail** 칭송하다
- [ ] **be credited with** ~으로 명성을 얻다, ~으로 공적을 인정받다
- [ ] **domesticate** 길들이다, 사육하다, 재배하다
- [ ] **spud** 감자
- [ ] **worship** 숭배하다, 예배하다
- [ ] **certify** 증명하다, 자격증(면허증)을 교부하다
- [ ] **tuber** 덩이줄기, 괴경(塊莖)(감자, 고구마 따위)
- [ ] **iron** 철분
- [ ] **potassium** 칼륨
- [ ] **phosphorus** 인
- [ ] **on top of that** 그 밖에, ~뿐 아니라
- [ ] **munch** 아삭아삭(우적우적) 먹다

09 다양한 공무원들이 대중의 압력에 반응하는 방식에 있어서, 그리고 그들이 대중의 압력을 다루기 위해 사용하는 수단과 방식에 있어서 거대한 차이가 있다. 가장 훌륭한 공무원은 고려되어야 하는 세력들을 이해하며, 공익을 위한 길로부터 멀어지지 않을 결단력을 소유하며, 적을 피하기 위한 능력과 더불어 적을 기꺼이 만드는 의지, 그리고 올바른 과정에 대한 국민의 지지가 있을 것이라는 믿음을 갖는다. 가장 최악의 공무원은 과도하게 주저하고, 회피하며, 동료, 상사, 언론과의 관계, 그리고 그들이 의지하는 정치적 지지에 과도하게 집착한다. 그들은 만약 대중에게 인기가 없으면 절대 행동하지 않을 것이다. 그들은 진부한 일반 공식을 가지고 모든 곤란한 상황에 직면한다.

① 어떤 공무원들은 대중의 압력에 대처하는 데 있어 다른 사람들보다 더 낫다.
② 어떤 공무원들은 공익을 충실히 옹호한다.
③ 관객들이 주의를 기울이지 않으면 어떤 공무원들은 행동하지 않을 것이다.
④ 어떤 공무원들은 적들로부터 완전한 지지를 얻는 방법을 알고 있다.

- □ enormous 거대한, 막대한
- □ public official 공무원
- □ employ 고용하다, 사용하다
- □ take into account 고려하다
- □ determination 결단력
- □ swerve 갑자기 방향을 바꾸다
- □ willingness 의지
- □ faith 신념
- □ forthcoming 다가오는, 곧 있을
- □ overhesitant 너무 망설이는
- □ evasive 회피하는, 얼버무리는
- □ preoccupied 사로잡힌, 정신이 팔린
- □ superior 상사
- □ gallery 대중, 관객, 청중
- □ packed 꽉 들어찬, 가득한
- □ confront 직면하다, (곤란한 상황에) 맞서다
- □ embarrassment 어색함, 곤란한 상황, 난처한 상황
- □ stale 신선하지 않은, 진부한
- □ formula 계획, 방식

정답
④

10 20세기 대도시의 건축가들은 소음을 줄이는 동시 가능한 편안하게 지낼 수 있는 방식으로 건물들을 디자인했다. 그들은 벽에 구멍을 뚫고 이 벽의 공간을 소리를 흡수하는 소재들로 채워넣는 것과 같은 기술들을 사용했다. 바닥과 창을 덮기 위해 두꺼운 카펫과 두터운 커튼이 사용되었다. 에어컨과 보일러는 소음방지 소재들로 공기를 걸러내도록 디자인 되었다. 그러나 건물의 소음의 줄이기 위해 소비한 많은 시간과 노력에도 불구하고, 사람들은 또한 소리의 부재에 역으로 반응한다는 것이 밝혀졌다. 조용한 집은 불안과 고립의 감정들을 일으킬 수 있다. 현재 건축가들은 달갑지 않는 소음은 줄이되 사람들이 필요로 하는 소음은 유지하는 구조들을 디자인 하고 있다.

- □ architect 건축가
- □ hollow 구멍
- □ absorb 흡수하다
- □ furnace 용광로, 보일러
- □ adversely 거꾸로, 반대로, 역으로
- □ anxiety 불안, 긴장
- □ isolation 고립
- □ undesirable 원하지 않는, 달갑지 않은
- □ retain 유지하다, 보유하다

정답
⑤

11 우리 인간은 냄새를 맡는 것에 그리 나쁘지 않다. 우리는 1만 가지의 다른 냄새들을 구별할 수 있으며, 우리는 단 천 분의 몇 초 만에 해낸다. 그러나 우리는 우리의 눈에 들어오는 이미지들을 해석하거나 다양한 정신활동들에 참여하는 것과 같은 모든 종류의 다른 것들을 위해 우리의 뇌를 사용한다. 다른 동물들은 이러한 산만한 것들 하지 않는다. 그래서 그들의 후각은 우리의 것보다 훨씬 좋다. 예를 들어서, 상어는 우리보다 약 만 배 이상 냄새를 더 잘 맡는다. 연어는 심지어 더 잘 맡는다. 연어는 우리보다 3만 배 더 냄새를 잘 맡는다고 알려져 있다. 많은 과학자들은 그들이 알을 낳을 준비가 되었을 때 그들이 그런 식으로 냄새를 맡고 집으로 돌아온다고 믿는다. 이와 같은 물고기들에게 전 세계는 냄새의 패턴들로 가득 차 있을 것이다. 대조적으로 우리에게는 세계가 시각의 패턴들로 가득하다.

① 누가 가장 냄새를 잘 맡는가?
② 냄새 그리고 출생지
③ 냄새는 동물들에게 무엇을 의미 하는가
④ 인간의 정신적 활동들

☐ distinguish 구별하다
☐ millisecond 1,000분의 1초
☐ distraction 주의산만, 기분전환
☐ salmon 연어
☐ give birth 낳다

정답
①

12 라디오와 같은 핫 미디어와 전화와 같은 쿨 미디어, 혹은 영화와 같은 핫 미디어와 TV와 같은 쿨 미디어를 구분하는 기본적인 원칙이 있다. 핫 미디어는 하나의 감각을 고 정밀도로 확장하는 것이다. 고정밀도란 정보로 충분히 채워진 상태이다. 사진은 시각적으로 고 정밀도다. 만화는 저 정밀도인데, 그 이유는 단순히 매우 적은 시각적 정보가 제공되기 때문이다. 전화는 쿨 미디어다. 즉, 저 정밀도 중 하나인데 이유는 귀에 빈약한 양의 정보가 주어지기 때문이다. 말은 저 정밀도의 쿨 미디어이다. 왜냐하면 너무 적은 정보가 주어지며 너무 많은 것들이 듣는 사람에 의해 채워져야만 하기 때문이다. 반면 핫 미디어는 시청자에 의해 채워지거나 완성될 것을 많이 남기지 않는다.

① 쿨 미디어는 시청자에 의해 채워질 것을 많이 남긴다.
② 전화는 고 정밀도로 간주된다.
③ 핫 미디어는 데이터로 가득 차 있다.
④ 미디어는 핫과 쿨로 분류될 수 있다.

☐ hot medium 핫 미디어
☐ cool medium 쿨 미디어
☐ high definition
   고화질, 고선명, 고정밀도
☐ meager 빈약한, 불충분한
☐ speech 말, 담화
☐ audience 청중, 시청자

정답
②

8 Listing Pattern (나열)
9 Time Order Pattern (시간순서)
Spatial Order Pattern (장소순서)

13 불안할 때 여러분의 불안함과 관련된 자극의 인지된 위협 가능성이 증가할 수 있다. 따라서 여러분이 일반적으로 마주치고 보통은 두려움을 유발하지 않을 것들이 이제는 그렇게 한다(두려움을 유발한다). (A)<u>예를 들어</u>, 여러분이 하이킹하는 도중에 뱀과 마주치면, 해가 있지 않더라도 불안함이 생기고 여러분이 경계 태세를 취할 가능성이 있다. 오솔길을 따라 더 가다가 여러분이 평소에 무시할지도 모르는 짙은 색의 가늘고 휘어진 나뭇가지를 땅 위에서 발견하면, 여러분은 이번에는 순간 그것을 뱀으로 간주할 것이고, (이것이) 두려움의 감정을 유발한다. (B)<u>마찬가지로</u>, 여러분이 테러 경보가 흔한 곳에서 살고 있다면 해가 되지 않는 자극이 잠재적인 위험이 될 수 있다. 뉴욕시에서 경계 수준이 올라갈 때 지하철의 빈 좌석 아래 남겨진 소포나 종이봉투가 큰 걱정을 유발할 수 있다.

	(A)		(B)
①	예를 들어	……	그러나
②	예를 들어	……	마찬가지로
③	대조적으로	……	마찬가지로
④	대조적으로	……	다시 말해서

정답
②

- ☐ anxious 불안해하는, 염려하는
- ☐ perceive 인지하다
- ☐ threat 위협
- ☐ potential 잠재력; 잠재적인
- ☐ stimuli 자극들
- ☐ anxiety 근심, 걱정, 불안
- ☐ thus 따라서
- ☐ typically 전형적으로, 일반적으로
- ☐ encounter 우연히 마주치다
- ☐ trigger 방아쇠; 유발하다
- ☐ harm 해로움
- ☐ arise 발생하다
- ☐ on alert 방심하지 않고, 경계하여
- ☐ notice 주목하다; 공고문
- ☐ slender 날씬한, 가느다란
- ☐ curved 휘어진
- ☐ branch 나뭇가지
- ☐ object 물체
- ☐ normally 보통, 정상적으로
- ☐ ignore 무시하다
- ☐ momentarily 순간적으로
- ☐ terror alert 테러 경보
- ☐ common 흔한
- ☐ harmless 해가 되지 않는
- ☐ parcel 소포
- ☐ empty 텅 빈
- ☐ concern 관심; 우려, 염려
- ☐ for example 예를 들어서
- ☐ however 그러나
- ☐ similarly 유사하게
- ☐ in contrast 대조적으로
- ☐ in other words 다시 말해서

14 완전히 딱 맞는 신발을 찾는 것이 어떤 이들에게는 어려울 수도 있다. 대부분의 성인들은 자신의 정확한 발 크기를 알고 있다고 생각해서, 새 신발을 살 때 자신의 발 크기를 재지 않는다. (A)<u>그래서</u> 많은 사람들은 수 년 혹은 수십 년 동안 똑같은 크기의 신발에 (발을) 밀어 넣는다. 20세가 되면 발은 더 이상 길어지지 않지만, 대부분의 발은 나이가 들면서 점점 넓어지고, 때때로 여성의 발은 출산 후 커진다. (B)<u>게다가</u> 당신의 발은 커졌다가 다음날 아침에 "정상"으로 돌아오는 등 사실상 하루 중 시간에 따라 크기가 다를 수도 있다. 그래서 당신이 다음 번 신발을 구입할 때는 당신의 발의 크기가 달라질 수 있다는 점을 기억하라.

      (A)   (B)
① 따라서 …… 게다가
② 따라서 …… 예를 들어
③ 다르게 …… 그럼에도 불구하고
④ 대조적으로 …… 유사하게

- fit (옷, 신 등의) 딱 맞는 것
- exact 정확한
- measure 측정하다, 재다
- squeeze into 무리하게 끼워 넣다
- decade 10년
- gradually 점차적으로
- widen 넓어지다, 커지다
- actually 실질적으로
- return 되돌아가다
- normal 보통의, 정상인
- therefore 따라서
- besides 게다가
- for instance 예를 들어서
- otherwise 다르게
- nevertheless 그럼에도 불구하고
- in contrast 대조적으로
- similarly 유사하게

정답 ①

15 아프리카의 전통예술은 아프리카 사회에서 중요한 역할을 한다. 아프리카 예술은 주로 조각, 그림, 마스크, 주물로 구성된다. 조각은 아프리카 예술의 가장 큰 업적으로 고려된다. 대부분의 조각들은 나무로 만들어 졌지만 금속, 돌, 진흙, 그리고 다른 재료들로도 만들어 진다. 그것들은 아프리카의 많은 지역에서 발견되지만, 주로 아프리카 서부와 중부에서 발견된다. 많은 고대 바위그림들은 남아프리카와 동아프리카에서 발견되어진다. 이러한 그림들은 부시맨 덕분으로 여겨진다. 마스크와 주물들은 악령, 마녀, 혹은 유령 등과 같은 나쁜 것들을 겁주어 쫓아버리는 것으로 사용되어진다. 그들은 또한 바랐던 결과를 얻고, 나쁜 습관을 깨고, 또는 자연적인 혹은 초자연적인 적을 죽이는데 사용되어진다.

① 바위 그림은 부시맨 사람들에 의해 그려진 것으로 믿어진다.
② 가면과 페티쉬는 악령을 쫓아내고 나쁜 습관을 없애기 위해 사용된다.
③ 서부와 중앙아프리카에서, 조각품들은 주로 돌과 진흙으로 만들어진다.
④ 조각, 그림, 가면, 페티시는 아프리카 예술의 주요 요소들이다.

- consist of ~로 구성되다
- sculpture 조각
- fetish 집착, 주물, 숭배의 대상
- attribute A to B A를 B의 결과 (덕분, 탓, 책임)로 보다
- Bushman 아프리카 남부의 수렵 종족
- scare off ~에게 겁을 주다, ~를 불안하게 만들다
- evil spirit 악령, 귀신
- witch 마녀
- bring about 유발하다, 초래하다

정답 ③

정수현 영어 독해 이론 [Text Structure and Pattern]

16 우리가 실제로 두 가지 일을 동시에 하고 있을 때 무슨 일이 일어나고 있을까? 그것은 간단하다. 우리의 뇌에는 채널이 있어서 우리는 뇌의 다른 부분에서 다른 종류의 데이터를 처리할 수 있다. (A)<u>그러므로</u>, 말을 하면서 동시에 걸을 수가 있다. 채널 간섭이 전혀 없다. 하지만 두 가지 활동에 다 진정으로 집중지지는 못한다. 한 가지 활동은 (뇌의) 전면에서 일어나고 있고 또 다른 활동은 (뇌의) 후면에서 일어나고 있다. 복잡한 기계를 작동하는 방법을 휴대전화로 설명하려고 시도하고 있다면 걸음을 멈출 것이다. (B)<u>마찬가지로</u>, 계곡 위의 밧줄 다리를 건너고 있다면 아마 말하는 것을 멈출 것이다. 두 가지 일을 동시에 할 수는 있지만, 두 가지 일에 동시에 효과적으로 집중할 수는 없다.

(A)	(B)
① 그러나 …… 따라서
② 그러나 …… 마찬가지로
③ 따라서 …… 예를 들어
④ 따라서 …… 마찬가지로

정답
④

- ☐ happen 발생하다
- ☐ actually 실제로
- ☐ at once 동시에
- ☐ process 처리하다; 과정
- ☐ at the same time 동시에
- ☐ interference 간섭
- ☐ foreground 전면
- ☐ background 후면
- ☐ on the cell phone 휴대전화로
- ☐ explain 설명하다
- ☐ operate 작동하다
- ☐ complex 복잡한
- ☐ cross 건너다
- ☐ valley 계곡
- ☐ likely 아마
- ☐ effectively 효과적으로
- ☐ however 그러나
- ☐ thus 이와 같이
- ☐ similarly 유사하게
- ☐ for example 예를 들어서

17 산업 분야에서 레이저는 매우 다양한 용도로 쓰일 수 있는 도구임이 증명되었고, 특히 절단과 용접 분야에서 그렇다. 레이저는 또한 고속 인쇄와 홀로그램이라고 불리는 3차원 영상의 창조에도 사용되고 있다. 레이저 추적과 거리추적 시스템도 개발되었는데, 이것은 거리를 측정하기 위해 레이더의 전파 신호가 아닌 광 신호를 사용하고 있다. 생물학적, 의학적 용도에서 레이저 사용도 급속히 늘어나서, 레이저는 이미 특정 외과 수술 과정에서 큰 성공을 거두고 있다. 통신 분야에서는 레이저가 광통신망과 연계되어 이용됨으로써 기존의 통신선 보다 더 많은 정보를 전달할 수 있으며, 가까운 미래의 초고속 정보 통신망을 위한 장을 마련하고 있다.

① 레이저의 가치
② 현대 사회에서 레이저를 너무 많이 사용함
③ 전자 고속도로와 레이저
④ 사회에서 레이저의 광범위한 사용

정답
④

- ☐ versatile (능력, 재능이) 다방면의, 다재다능한, 다목적으로 쓰이는
- ☐ welding 용접
- ☐ range …의 범위를 정하다 조준하다
- ☐ application 적용, 응용
- ☐ expand 퍼지다, 넓어지다, 팽창하다
- ☐ surgical 외과의, 외과적인 수술의
- ☐ communications 통신
- ☐ in conjunction with
  ～와 함께, ～에 관련하여
- ☐ fiber-optic network 광섬유 통신망
- ☐ conventional
  전통적인, 인습적인 재래식의
- ☐ wire 전선, 케이블 전신
- ☐ rampant 사나운, 자유분방한, (병 등이) 유행하는, (식물이) 만연하는
- ☐ extensive 광대한, 넓은, 대규모의
- ☐ set the stage for
  ～을 위한 장을 마련하다
- ☐ electronic superhighway
  초고속 정보 통신망

18 몇몇 도시 계획 전문가들은 규범의 큰 변화가 뒤따를지도 모르는 보행 중 문자 보내기를 금지하는 입법을 요구했다. 이러한 권고는 이 변화가 환영받는다는 가정에 기반을 두고 있지만, 보행 중 문자 보내기를 금지하는 법들은 Toronto, Arkansas, Illinois, Nevada, New Jersey 그리고 New York에서 실패했다. 한편, 첨단 기술 기업들은 문자를 보내는 동안 자신들 앞에서 일어나는 일을 보행자들이 볼 수 있도록 하는 투명 화면을 제공하는, 그 문제에 대한 기술적 해결책들을 개발하고 있다. 인식을 불러일으키기 위한 더 나은 도시 계획과 개입들을 통해 그 문제에 적응을 위한 또 다른 방침이 시의회들에 의해 제시되었다. 몇몇 도시와 대학 캠퍼스는 위험한 계단과 교차로에 '고개를 드시오.'라고 적힌 표지판을 세웠다. Hong Kong은 승객들에게 주위를 둘러볼 것을 권고하는 공지들을 지하철 시스템에 추가했으며, New York시는 자동차 제한 속도를 줄였고, San Francisco는 보행자 전용 통로를 조성 중이다.

① 인지 능력에 대한 신기술 중독의 심각한 영향
② 문자를 주고받으며 걷는 보행자 문제를 해결하기 위한 다양한 전략들
③ 보행 중 문자 메시지 금지 법안이 실패한 예상치 못한 이유들
④ 첨단 기술과 구식 교통 시스템 간의 주요 갈등들

정답 ②

- [ ] call for 요구하다
- [ ] legislation 입법 행위, 법률의 제정; 제정법
- [ ] texting 휴대폰으로 문자 메시지 주고받기
- [ ] norm 규범
- [ ] recommendation 권고
- [ ] be based on ~에 기초를 두고 있다
- [ ] assumption 가정
- [ ] ban 금지하다
- [ ] meanwhile 한편
- [ ] transparent 투명한; 명백한
- [ ] pedestrian 보행자
- [ ] generate 발생시키다, 만들어내다
- [ ] awareness 인식
- [ ] intervention 개입
- [ ] via ~을 경유하여, 통하여
- [ ] adaptation 적응
- [ ] city council 시의회
- [ ] stairwell 계단
- [ ] intersection 교차로
- [ ] corridor 통로, 복도
- [ ] foster 조성하다; 위탁 양육하다

19 Shirley Chisholm은 1924년 New York의 Brooklyn에서 태어났다. Chisholm은 Barbados에서 어린 시절의 일부를 할머니와 함께 지냈다. Shirley는 Brooklyn 대학에 다니면서 사회학을 전공했다. 1946년에 Brooklyn 대학을 졸업한 후 그녀는 교사로서의 경력을 시작했고, 더 나아가 Columbia 대학에서 초등 교육 석사 학위를 취득했다. 1968년에 Shirley Chisholm은 미국 최초의 아프리카계 미국인 여성 하원 의원이 되었다. 그녀는 시민권, 여성의 권리 그리고 빈민들을 지지하는 목소리를 냈다. Shirley Chisholm은 미국의 베트남 전쟁 개입과 무기 개발의 확대에 반대했다.

정답 ④

- [ ] attend (학교에) 다니다
- [ ] major in ~을 전공하다
- [ ] sociology 사회학
- [ ] graduate from ~을 졸업하다
- [ ] career 경력
- [ ] go on to 더 나아가 ~하다
- [ ] master's degree 석사 학위
- [ ] congresswoman 여성 하원 의원
- [ ] speak out for ~을 지지하는 목소리를 내다
- [ ] civil rights 시민권
- [ ] involvement 개입
- [ ] expansion 확대
- [ ] weapon 무기

정수현 영어 독해 이론 [Text Structure and Pattern]

20 James Van Der Zee는 1886년 6월 29일에 Massachusetts주 Lenox에서 태어났다. 여섯 명의 아이들 중 둘째였던, James는 창의적인 분위기의 집안에서 성장했다. 열네 살에 그는 그의 첫 번째 카메라를 받았고 수백 장의 가족사진과 마을 사진을 찍었다. 1906년 즈음에, 그는 결혼을 한 채, New York으로 이사했고, 늘어나는 가족을 부양하기 위해 여러 가지 일을 했다. 1907년에, Virginia주 Phoetus로 이사했고, Chamberlin 호텔의 식당에서 일했다. 이 시기에 그는 또한 아르바이트로 사진사로 일했다. 그는 1916년에 자신의 스튜디오를 열었다. 1차 세계대전이 시작되었고 많은 젊은 군인들이 사진을 찍기 위해 스튜디오로 왔다. 1969년에, 전시회 Harlem On My Mind는 그에게 국제적인 인정을 받게 하였다. 그는 1983년에 사망하였다.

- ☐ creative 창의적인
- ☐ support 지지하다, 부양하다, 뒷받침하다
- ☐ exhibition 전시회
- ☐ recognition 인정

정답 ④

21 1824년, 페루는 스페인으로부터 독립했다. 독립 직후, 해방군을 이끌었던 장군인 Simón Bolívar는 새 나라를 위한 헌법의 초안을 작성하기 위해 회의를 소집하였다. (C) 회의가 끝난 후, 사람들은 Bolívar가 그들을 위해 해 준 모든 것에 대한 감사의 표시로 그에게 특별한 것을 해 주고 싶어 했다. 그래서 그들은 그 당시 매우 많은 돈인 백만 페소를 그에게 선물로 주었다. (B) Bolívar는 선물을 받고 나서 물었다. "페루에 노예가 몇 명입니까?" 그는 대략 3천 명이 있다고 들었다. "그리고 노예 한 명은 얼마에 팔립니까?" 그는 알고 싶어 했다. "한 사람당 약 350페소입니다." 라는 대답이 있었다. (A) Bolívar가 말했다. "그렇다면, 나는 당신들이 나에게 준 이 백만 페소에 필요한 것은 무엇이든 다 더해 페루에 있는 모든 노예를 사서 그들을 해방시켜 주겠습니다. 모든 시민 또한 자유를 누리지 못한다면, 한 국가를 해방시킨다는 것은 의미가 없습니다."

- ☐ general 장군; 일반적인
- ☐ liberating force 해방군
- ☐ constitution 헌법
- ☐ set free 해방하다
- ☐ appreciation 감사
- ☐ peso 페소(많은 라틴 아메리카 국가들과 필리핀의 화폐 단위)
- ☐ accept 받아들이다, 수락하다, 인정하다
- ☐ slave 노예
- ☐ make no sense 말이 되지 않는다
- ☐ citizen 시민

정답 ④

22 가장 오래된 인공 감미료인 사카린은 Johns Hopkins 대학의 Ira Remsen 교수 연구실에서 일을 했던 Constantine Fahlberg 연구원에 의해 1879년에 우연히 발견되었다. Fahlberg의 발견은 그가 점심 식사 전에 손을 씻는 것을 잊은 후에 발생했다. 그는 자신의 손에 어떤 화학물질을 쏟았는데 그것이 결과적으로 그가 먹었던 빵을 평소와 다르게 단맛이 나게 하는 원인이 되었다. 1880년 두 과학자는 연합해서 그 발견을 발표했다. 그러나 1884년 Fahlberg는 Remsen 없이 특허권을 획득했고 사카린을 대량 생산하기 시작했다. 사카린의 사용은 설탕의 공급이 한정적이었던 제1차 세계 대전이 되어서야 널리 퍼졌다. 1960년대와 1970년대에 Sweet'N Low와 다이어트 청량음료의 생산으로 사카린의 인기는 증가했다.

① Fahlberg에 의한 사카린의 발견은 계획되지도, 의도되지도 않았다.
② Fahlberg는 Remsen과 함께 사카린의 발견을 발표했다. 그러나 Remsen없이 특허권을 받았다.
③ 사카린은 대량 생산 덕분에 기존에 사용되었던 인공 감미료를 대체했다.
④ 제1차 세계 대전 기간 중의 설탕 부족이 사카린 사용을 확대시켰다.

☐ **saccharin** 사카린
☐ **artificial** 인공의
☐ **sweetener** 감미료
☐ **laboratory** 실험실
☐ **spill** 쏟다, 흘리다
☐ **chemical** 화학 물질
☐ **patent** 특허권, 특허증
☐ **popularity** 인기
☐ **unplanned** 미리 계획하지 않은
☐ **unintentional** 뜻하지 않은, 무심코 한
☐ **previously** 이전에, 미리, 사전에
☐ **manufacture** 제조하다, 생산하다
☐ **soft drink** 청량음료

정답
③

10 Adversative Pattern (역접)

23 출생 순서가 성격, 지능, 성취에 강하게 영향을 미친다는 것이 대중의 오랜 지혜였다. 그러나 첫째가 다른 자녀들과 근본적으로 다르다고 주장하는 연구들 대부분은 의심 받아왔고, 현재는 지능에 대한 출생순서의 그 어떤 여파도 한 사람의 삶에 미치는 모든 다른 영향들에 의해 씻겨 나가는 것 같다. 좀 더 자세히 설명하자면, 오스틴(Austin)에 있는 텍사스 대학의 사회 심리학자인 토니 팔보(Toni Falbo)에 따르면 출생 순서의 영구적인 여파에 대한 믿음은 성격이 6세에 정해진다는 심리학 이론에서 나온 것이다. 그 가정은 간단히 말해서 틀렸다. 더 나은, 더 차후의 더 큰 연구들에 따르면 출생순서는 그 어떤 것에 대한 유용한 예측변수가 아니다. 두 명의 스위스 사회 과학자들인 Cecile Ernst와 Jules Angst가 몇 년 전에 1,500개의 연구들을 검토했고 다음과 같은 결론을 내렸다. "성격에 대한 출생 순서의 차이는 우리의 샘플에서 존재하지 않습니다. 특히 첫째의 성격에 대한 아무런 증거가 없습니다."

① 첫째 아이는 다른 사람들에게 친절하다.
② 출생 순서는 사람의 지능에 영향을 미친다.
③ 형의 성격은 동생의 성격과 다르다.
④ 출생 순서는 성격과 아무 상관이 없다.

- folk wisdom 민중의 지혜
- birth order 출생순서
- personality 성격
- intelligence 지능
- achievement 성취
- firstborn 맏이, 첫째
- radically 원래는, 철저히, 근본적으로
- discredit 의심하다, 신용하지 않다
- wash away 씻겨 내려가다
- permanent 영구적인
- predictor 예측 변수
- nonexistent 존재하지 않는
- in particular 특히
- have nothing to do with ~와는 관계가 없다

정답
④

24 과학과 종교 사이에는 근본적인 충돌이 있다는 생각이 꽤 보편적이다. 그러나 많은 뛰어난 과학자들이 굉장히 종교적이며 교회를 위한 봉사에 적극적으로 참여한다. 그들은 그들의 과학과 종교가 <u>모순된다</u>고 느끼지 않는다.

① 심각한 중대한 문제들
② 서로서로 관계가 좋은
③ 모순되는
④ 굉장히 풍요로운
⑤ 갈라놓을 수 없는

- notion 개념, 관념, 생각
- fundamental 근본적인
- conflict 갈등, 충돌
- outstanding 뛰어난, 걸출한
- profoundly 깊이, 완전히, 극심하게
- church work 교회를 위한 봉사
- contradiction 모순, 반박
- be in good terms with ~와 친한 사이다
- inseparable 불가분한, 갈라놓을 수 없는

정답
③

25 (남들보다) 앞서기 위해서 무엇이 필요한가에 대한 문제가 수십 년 동안 심리학자들을 그리고 수 세기동안 철학자들을 사로잡아왔다. 최근에 가장 지속적으로 제기되는 심리학적 주장들 중 하나는 어떤 분야에서든 의미 있는 성공에 이르기 위해서 투자해야 하는 시간의 양인, "만 시간 법칙"이라는 잘못된 믿음이다. 그러나 저명한 심리학자인 다니엘 골만(Daniel Goleman)은 일반적인 경험상의 믿음 저변에 깔린 더 복잡한 진실을 드러내기 위해 근거 없는 만 시간법칙이 틀렸음을 밝힌다. 지속적인 향상을 이루는 비밀은 투자되는 시간의 양이 아니라 시간의 ㉠질이라는 것이 밝혀졌다. 이러한 진실이 간단하고 명료하지만, 그럼에도 불구하고 공교육 그리고 능력으로 평가되는 분야들에서 성공을 추구하기 위해 우리가 착수하는 비공식적인 방식들 모두의 많은 부분들이 단순한 시간투자라는 전제에 근거한다. 그러나 성공의 주된 예측변수로서 밝혀진 요소는 흔히 전문가, 코치, 멘토에 의해서 안내된 단순한 시간이 아니라 완전한 집중을 위한 ㉡의도된 지속적인 훈련이다.

- excel 능가하다, 앞서다
- occupy 차지하다, 점령하다
- persistent 지속적인, 고집하는
- myth 신화, 잘못된(근거 없는) 믿음
- celebrated 저명한, 유명한
- debunk ~이 틀렸음을 밝히다
- mythology 근거 없는 믿음
- rule of thumb 경험에 입각한
- go about 시작하다
- premise 전제
- predictor 예측변수
- concentration 집중

    ㉠   ㉡
① 질   자동의
② 질   의식적인
③ 계획   잠재의식적인
④ 계획   우연한

정답
②

26 언론이 여론을 형성하거나, 통제하거나, 적어도 강하게 영향을 끼칠 수 있다는 것이 일반적인 견해다. 실제로 언론이 이러한 것들 중 어느 것이라도 할 수 있을까? 『런던 데일리 미러』의 편집장인 휴 커들립은 여론에 미치는 신문의 영향에 대해 알 만한 위치에 있는 사람으로, 그는 언론의 영향력에 대한 이 일반적인 견해와 다른 견해를 갖고 있다. 그는 신문이 여론의 움직임을 반영하고 자극할 수 있지만, 그것이 전부라고 생각한다. "신문은 대중의 태도를 성공적으로 촉진시킬 수 있지만, 상식에 따른 대중의 태도를 결코 뒤바꿀 수는 없다." 간단히 말해서, 신문은 일단 시류가 진행되고 나면 그 시류에 편승할 수 있고, 사람들에게 시류에 편승하라고 권할 수는 있지만, 그 시류를 시작되게 하거나 일단 시작된 시류의 방향을 바꿀 수는 없다.

- editorial director 편집장
- echo 반향시키다,
  (남의 감정, 주장에) 공감하다, 반영하다
- stimulate 자극하다
- commend 맡기다, 위탁하다
- jump on the bandwagon
  우세한 편에 붙다, 시류에 편승하다
- under way 진행 중인
- exhort ~에게 권고하다
- reverse 바꿔놓다, 역으로 하다

① 반대로
② 추가로
③ 그럼에도 불구하고
④ 간단히 말해서

정답
④

27 사람들이 생산한 다양한 것들을 보고 그것들의 차이점들을 설명하는 것은 쉽다. 명백히 시는 수학적 공식이 아니며 소설은 유전학에서의 실험이 아니다. 작곡가들은 분명히 시각 예술가들의 언어와는 다른 언어를 사용하며 화학자들은 작가들과는 매우 다른 것들을 결합시킨다. 그러나 사람들을 그들이 만들어 내는 다른 것들로 특징짓는 것은 그들이 어떻게 창조하는 가에 대한 보편성을 놓치게 되는 것이다. 창조의 과정 수준에서 과학자들, 예술가들, 수학자들, 작곡가들, 작가들, 그리고 조각가들은 우리가 소위 부르는 보편적인 일련의 "사고의 도구들"을 사용한다. 그것에는 감정적인 느낌들, 시각적 이미지들, 신체적인 감각들, 재생 가능한 패턴들, 그리고 유추들이 포함된다. 그리고 모든 상상력이 풍부한 사상가들이 이러한 주관적인 사고의 도구들에 의해 만들어진 생각들을 다른 사람들의 마음속에 새로운 생각들을 일으킬 수 있는 그들의 통찰력을 표현하기 위한 대중의 언어로 번역하는 것을 배운다.

① 창의적 사고의 장애물들
② 예술과 과학 사이의 차이점
③ 창조 과정의 공통성
④ 다양한 직업들의 두드러진 특징들

- [ ] genetics 유전학
- [ ] composer 작곡가
- [ ] playwright 극작가
- [ ] sculptor 조각가
- [ ] what we call 소위, 이른바
- [ ] reproducible 재생 가능한
- [ ] subjective 주관의, 주관적인
- [ ] give rise to 불러일으키다
- [ ] distinctive 독특한, 특유의
- [ ] feature 특징, 기능

정답
③

28 뇌는 우리가 한 때 생각했던 것과는 다르게 기계가 아니다. 비록 (뇌의) 다양한 부위들이 다양한 정신적 기능들과 관련돼 있지만, 그 세포 구성 요소들은 영구적인 구조를 형성하거나 엄격히 정해진 역할을 하는 것은 아니다. 그들은 유연하다. 그들은 경험, 환경, 필요에 따라 변화한다. 일부 가장 대규모의 놀라운 변화들이 신경계의 손상에 반응하여 일어난다. <u>예를 들어</u> 만약 한 사람이 시력을 잃게 되면, 시각 자극을 주로 담당해서 처리해 왔던 뇌의 부위가 단순히 작동을 멈추는 것은 아니라는 것이 실험을 통해 알려졌다.

① 그러나
② 대조적으로
③ 예를 들어
④ 그에 비해

- [ ] cellular 세포의, 무선(휴대) 전화의
- [ ] permanent 영구적인
- [ ] rigid 엄격한, 융통성 없는
- [ ] flexible
  신축성 있는, 융통성 있는, 유연한
- [ ] extensive
  아주 많은, 아주 넓은, 대규모의
- [ ] take place 발생하다
- [ ] in response to
  ~에 응답해서, ~에 대응하여
- [ ] nervous system 신경계
- [ ] be struck blind 시력을 잃다
- [ ] dedicated 전념하는, 헌신적인
- [ ] go dark 작동을 멈추다

정답
③

29　때때로 햇빛 비타민으로 알려져 있는 비타민 D는 피부가 햇빛에 노출되었을 때 몸에서 만들어진다. 비타민 D는 칼슘의 흡수와 골 형성에 도움이 되는 것으로 알려져 있으며, 일부 관찰 연구에 의해 비타민 D 부족과 많은 급성, 만성 질환의 더 높은 위험성 사이에 연관성이 있다는 것이 제기되어 왔다. 그러나 이것이 분명한 원인-결과 관계인지는 명백하지 않다. 그래서 비타민 D 보충이 질병 발생의 위험성을 줄여주는지를 확인하기 위해 많은 다양한 실험들이 이루어져 왔다. 프랑스 리옹(Lyon)에 있는 국제예방연구소(Internationl Prevention Research Institute)의 필립 어티에(Philippe Autier)가 이끈 연구원들은 암, 당뇨, 심혈관 질환과 같은 질병들을 포함하여 소위 뼈 이외의 건강에 미치는 비타민 D의 영향들을 관찰하며 수백 개의 관찰실험과 임상실험들을 분석했다. 그들이 발견한 것은 심혈관 질환, 당뇨, 직장암의 감소된 위험성을 포함하여 관찰 실험들에서 보여졌던 높은 비타민 D 농도의 혜택들이 무작위 실험들에서는 되풀이 되지 않았다는 것이다. 무작위 실험들에서 참가자들은 비타민 D가 질병을 막아줄 수 있는지를 보기위해 비타민 D를 섭취했다.

① 비타민 D를 먹는 사람들은 질병을 예방할 수 있다.
② 건강한 사람들은 또한 비타민 D 보충제를 먹을 필요가 있다.
③ 비타민 D는 이전에 믿었던 것만큼 질병을 예방하는 데 효과적이지 않을 수도 있다.
④ 비타민 D 결핍의 위험에 처한 사람들은 보충제를 먹을 필요가 있습니다.

- [ ] boost 북돋우다, 신장시키다
- [ ] uptake 활용, 흡수, 흡수율
- [ ] bone formation 골 형성
- [ ] observational study 관찰 연구
- [ ] acute disease 급성질환
- [ ] chronic disease 만성질환
- [ ] clinical trial 임상실험
- [ ] diabetes 당뇨
- [ ] cardiovascular 심혈관의
- [ ] colorectal cancer 직장암, 결장암
- [ ] randomized trial 무작위 실험
- [ ] ward off 피하다, 막다
- [ ] supplementation 보충함, 보충물, 추가물
- [ ] replicate 모사하다, 복제하다, 되풀이하다

정답
③

30　일반적으로 작가들은 홀로 작업한다고 여겨진다. 그러나 사람들은 그 과정의 단지 표면만을 보는 것이다. 예를 들어 자신의 집에 혼자 갇혀 소설을 창작하는 작가를 생각해보자. 그 작가는 오직 매우 좁은 의미에서만 혼자이다. 실제로 그녀는 전형적으로 사람들에 대해서, 사람들과 함께, 그리고 사람들을 위해서 글을 쓴다. 소설을 쓰는 과정은 개인적인 인지의 반향으로 축소될 수 없다. 이와 같이 가상의 독자가 글을 쓰는 창작의 과정에서 수신인으로, 창작의 가능한 심판으로, 그리고 좀 더 일반적으로 각각의 인간 창조가 궁극적인 대화 안에서의 동반자로 항상 존재한다. 주장하건데, 우리의 작가는 또한 특히 타인에 의해 이해되고, 존경받는 것과 같은 인간적인, 사회적인 목적들에 의해 동기화 된다.

① 사회적 존재로서의 작가의 특징
② 저자와 독자사이의 대화들
③ 작가의 창조성의 중요성
④ 가상 속 독자의 고독

- [ ] surface 표면
- [ ] novel 소설
- [ ] solitary 혼자의, 혼자 하는
- [ ] confinement 갇힘, 가둠
- [ ] narrow 좁은
- [ ] cognitive 인지의, 인식의
- [ ] reflection 반향, 상
- [ ] imaginary 가상의, 상상에만 존재하는
- [ ] addressee 수신인
- [ ] judge 판사, 심판
- [ ] ultimately 궁극적으로
- [ ] arguably 틀림없이, 주장하건데
- [ ] solitude 고독

정답
①

Practice Test
지문패턴 Check

01 글을 쓸 때에는 몸짓을 사용하거나, 인상을 쓰거나, 독자들에게 물건을 제시할 수 없으므로 말하고 보여주는 일을 하는 것을 모두 어휘에 의존해야 한다. 말보다는 보여 주는 것을 더 많이 하라. 독자들이 '볼' 수 있도록 해주기 위해 어휘를 사용하라. 예를 들어, 독자가 Laura의 아름다운 머리카락에 대해 추측하게 두지 마라. 그녀의 비단 같은 갈색 머리카락 끝을 부드러운 바람이 어떻게 어루만지는지 '보여줘라'. 행복감을 느꼈다고 단순히 말하지 마라. 여러분 자신이 계단을 한 번에 네 칸씩 뛰어 내려가고, 코트의 지퍼가 열린 채로, 바람을 맞으며 "만세, 내가 해냈어!"라고 외치는 모습을 '보여줘라'.

정답 Pattern G/S
②

- ☐ make faces (묘한) 표정을 짓다, 얼굴을 찌푸리다
- ☐ present 제시하다, 보여주다
- ☐ object 물건
- ☐ rely on ~에 의존하다
- ☐ guess about ~에 대해 추측하다
- ☐ gentle 부드러운
- ☐ edge 끝, 가장자리
- ☐ silky 비단 같은
- ☐ leap 뛰다
- ☐ step 계단
- ☐ unzip 지퍼를 열다
- ☐ shout 외치다, 소리치다
- ☐ hurray 만세

02 여러분의 애완동물의 특별한 욕구를 인식하고 그것을 존중해 주는 것이 중요하다. 예를 들어, 여러분의 애완동물이 운동을 좋아하고, 에너지가 넘치는 개라면 매일 밖으로 데리고 나가서 한 시간 동안 공을 쫓아다니게 하면 실내에서 다루기가 훨씬 더 쉬워질 것이다. 여러분의 고양이가 수줍음을 타고 겁이 많다면 의상을 차려입고 고양이 품평회 쇼에 나가서 자신의 모습을 보여주는 것을 원치 않을 것이다. 이와 비슷하게, 여러분은 마코 앵무새가 항상 조용하고 가만히 있기를 기대해서는 안 된다. 그들은 천성적으로 시끄럽고 감정에 사로잡히기 쉬운 동물이며 여러분의 아파트가 열대우림만큼 소리를 잘 흡수하지 못하는 것은 그들의 잘못이 아니다.

정답 Pattern: G/S
③

- ☐ recognize 알아보다; 인정하다
- ☐ particular 특정한
- ☐ respect 존경하다, 존중하다
- ☐ pet 애완동물
- ☐ athletic 운동을 좋아하는
- ☐ high-energy 에너지가 넘치는
- ☐ manageable 다루기 쉬운
- ☐ indoors 실내에서
- ☐ chase 쫓아가다
- ☐ shy 수줍음을 타는
- ☐ timid 겁이 많은, 소심한
- ☐ dress up (의상을) 차려입다
- ☐ display 보여주다
- ☐ cat show 고양이 품평회 쇼
- ☐ macaw 마코 앵무새
- ☐ quiet 조용한
- ☐ still 고요한
- ☐ by nature 천성적으로
- ☐ emotional 감정에 사로잡히기 쉬운
- ☐ creature 동물, 생물
- ☐ fault 잘못
- ☐ absorb 흡수하다
- ☐ rain forest 열대우림

03 chuckwalla는 대개 길이가 20~25cm인 통통한 도마뱀인데, 45cm까지 자랄 수도 있다. 다 자랐을 때, 그들의 무게는 1.5kg가량 나간다. 대부분의 chuckwalla는 주로 갈색이거나 검은색이다. 해마다 하는 탈피 직후에는 껍질은 윤기가 난다. 짙은 갈색 선들이 등을 따라 꼬리까지 이어진다. 수컷은 나이가 들면서 이 갈색 선들이 사라지고, 몸통 색깔은 더 밝아지는데, 꼬리는 거의 하얀색이 된다. 어린 수컷의 생김새는 암컷과 비슷하고 가장 커다란 암컷은 수컷을 닮았기 때문에 수컷과 암컷을 구별하기는 쉽지 않다.

정답 Pattern: Description
④

- ☐ lizard 도마뱀
- ☐ weigh 무게가 나가다
- ☐ mature 다 자란
- ☐ mainly 주로
- ☐ annual 매년의, 연간의
- ☐ molt 탈피
- ☐ tail 꼬리
- ☐ disappear 사라지다
- ☐ distinguish between A and B
  A와 B를 구별하다
- ☐ male 수컷(의)
- ☐ female 암컷(의)
- ☐ resemble 닮다

04 수력 발전은 깨끗하고 재생 가능한 에너지원이다. 하지만 알아두는 것이 중요한 댐에 관한 몇 가지가 있다. 수력발전 댐을 건설하기 위해서, 댐 뒤의 넓은 지역이 반드시 물에 잠기게 된다. 때때로 지역 사회 전체가 다른 지역으로 이주되어야 한다. 숲 전체가 물에 잠길 수도 있다. 댐에서 방류된 물은 평소보다 더 차서 이것이 하류의 강 생태계에 영향을 미칠 수 있다. 그것은 또한 강기슭을 유실되게 하고 강바닥의 생물을 파괴할 수도 있다. 댐의 가장 나쁜 영향은 알을 낳기 위해 흐름을 거슬러 올라가야 하는 연어에서 관찰되어 왔다. 댐으로 막히면, 연어의 라이프 사이클은 완결될 수 없다.

① 에너지 절약의 필요성
② 수력 발전 댐의 어두운 면들
③ 수력 발전소의 종류들
④ 재생 가능한 동력원의 인기

정답 Pattern: G/S
②

- ☐ hydroelectric 수력 발전의
- ☐ renewable 재생 가능한
- ☐ power source 에너지원
- ☐ flood 잠기게 하다, 범람시키다
- ☐ whole 전부의, 모든
- ☐ community 지역 사회
- ☐ entire 전체의, 전부의
- ☐ drown (물에) 잠기게 하다
- ☐ release 방류[방출]하다
- ☐ affect 영향을 미치다
- ☐ ecosystem 생태계
- ☐ downstream 하류의, 하류에
- ☐ wash away ~을 유실되게 하다
- ☐ riverbank 강기슭, 강둑
- ☐ destroy 파괴하다
- ☐ bottom (밑)바닥, 하부
- ☐ effect 영향, 결과
- ☐ observe 관찰하다
- ☐ salmon 연어
- ☐ travel 나아가다, 여행하다
- ☐ upstream
  흐름을 거슬러 올라가, 상류로
- ☐ lay an egg 알을 낳다
- ☐ block 막다, 차단하다
- ☐ complete 완결하다, 완수하다
- ☐ necessity 필요(성)
- ☐ save 절약하다
- ☐ power plant 발전소
- ☐ popularity 인기
- ☐ protect 보호하다

05 부모는 종종 그들이 많은 시간을 그들의 자녀들과 함께 보낸다고 주장할지도 모른다. 사실, 그들이 의미하는 것은 그들의 자녀들과 함께하는 것이 아니라 그들의 자녀들 가까이에 있는 것이다. 즉, 그들은 자녀들과 같은 방에 있지만, 텔레비전을 보거나, 독서를 하거나, 전화중이거나, 이메일을 검토하거나, 또는 다른 손님들과 대화하고 있을지도 모른다. 필요한 것은 자녀들과 함께하는 적극적인 참여이다. 이것은 함께 독서하기, 함께 운동과 게임하기, 함께 퍼즐 맞추기, 함께 요리하고 먹기, 함께 토론하기, 함께 농담하기, 함께 쇼핑하기, 함께 블록 쌓기, 그리고 함께 설거지하기를 의미한다. 다시 말해, 그것은 단순히 자녀와 함께 있으면서 동시에 자녀를 홀로 남겨 두는 것이 아니라 그것은 자녀와 함께 활동에 적극적인 참여자이자 동반자가 되는 것을 의미한다.

- ☐ claim 주장하다
- ☐ proximity 가까움
- ☐ engagement 참여
- ☐ imply 의미하다
- ☐ solve 해결하다
- ☐ company 일행, 함께 있음; 회사
- ☐ simultaneously 동시에
- ☐ participant 참여자

정답 ① Pattern: S/G

---

06 작은 마을에서는 똑같은 직공이 의자와 문과 탁자를 만들고, 흔히 바로 그 사람이 집을 짓는다. 그리고 물론 여러 직종에 종사하는 사람이 그 직종 모두에 능숙하기는 불가능하다. 반면에 큰 도시에서는 많은 사람이 각 직종을 필요로 하기 때문에, 직종 하나만으로도, 온전한 직종에 훨씬 미치지 못하는 것으로도 한 사람을 먹고 살게 하기에 충분하다. 예를 들어 어떤 사람은 남성용 신발을 만들고, 다른 사람은 여성용 신발을 만든다. 그리고 어떤 사람은 신발에 바느질만 하고, 다른 사람은 그것을 잘라 내는 것으로, 또 다른 사람은 신발의 윗부분을 꿰매 붙이는 것으로 한 사람이 생계를 꾸리는 경우까지도 있다. 그런 숙련된 직공들은 간단한 도구를 사용했을지도 모르지만, 그들의 <u>전문화</u>는 더 효율적이고 생산적인 작업을 정말 초래했다.

① 전문화
② 비판
③ 경쟁
④ 근면성

- ☐ skilled 능숙한, 숙련된
- ☐ trade 직종; 거래, 무역
- ☐ make demands on ~을 필요로 하다, ~을 요구하다
- ☐ support 부양하다, 먹여 살리다
- ☐ place 경우
- ☐ earn a living 생계를 꾸리다, 생계를 유지하다
- ☐ stitch 바느질하다, 꿰매어 꾸미다
- ☐ cut out (잘라서) ~을 만들다
- ☐ sew ~ together ~을 꿰매 붙이다
- ☐ uppers (신발의) 윗부분
- ☐ tool 도구
- ☐ efficient 효율적인
- ☐ productive 생산적인
- ☐ specialization 전문화
- ☐ criticism 비판
- ☐ competition 경쟁
- ☐ diligence 근면성

정답 ① Pattern: 대조, 예시

07 때때로, 우리는 우리의 전제가 뒤집힐 때 매료된다. 예를 들어, 예술가 Pablo Picasso는 우리가 세상을 다르게 보는 것을 돕는 방법으로써 큐비즘을 이용했다. 그의 유명한 작품인 'Three Musicians'에서, 그는 예상치 못한 방식으로 연주자들을 형상화하기 위해 추상적인 형태를 사용했다. 그래서 여러분이 처음 이 작품을 볼 때 여러분은 어떤 것도 이치에 맞지 않는다고 생각한다. 그러나 여러분이 그 그림을 두 번째로 볼 때, 그 형태들은 합쳐진다. Picasso의 작품은 어떻게 공간과 사물들이 사용되는지에 대한 여러분의 전제에 도전한다. 그의 예술 작품은 여러분이 세상을 다르게 보도록 돕고 여러분에게 형체, 사물, 색을 사용하는 대안적인 방식들이 있다는 것을 상기시킨다. 이에 대한 보상은 이 작품을 봄으로써 여러분이 얻는 내적인 즐거움이다.

① 입체파 예술품을 감상함으로써 강화된 정서적 지능
② 다른 각도에서 세상을 바라봄으로써 생기는 내적 쾌락
③ 현실과 환상의 균형에 의해 형성된 추상적인 스타일
④ 문화 기관과 협력하여 조직된 예술가 조합

정답 Pattern: S/G
②

- [ ] **fascinated** 매료된
- [ ] **assumption** 전제
- [ ] **turn something inside out** (안을 밖으로) 뒤집다
- [ ] **turn something inside around(over)** (위를 아래로) 뒤집다
- [ ] **abstract** 추상적인
- [ ] **unexpected** 예상치 못한
- [ ] **assume** 추정하다
- [ ] **make sense** 의미가 통하다, 타당하다
- [ ] **figure** 형태
- [ ] **remind** 상기시키다
- [ ] **alternative** 대안적인
- [ ] **reward** 보상
- [ ] **intrinsic** 내적인

08 Elsie Inglis는 John Inglis의 둘째 딸로 1864년 8월 16일에 인도에서 태어났다. 그녀는 딸의 교육도 아들의 교육만큼 중요하다고 여기는 깨어있는 부모를 두는 행운을 가졌다. 아버지의 지원으로, 그녀는 의사로서 훈련을 시작했다. 여성 환자들에 대한 열악한 치료에 놀라서, 그녀는 Edinburgh에 직원들이 여성으로만 구성된 여성을 위한 병원을 설립했다. 또한 그녀는 정치에 적극적으로 참여하였고 여성의 투표권을 위해 일했다. 세계 1차 대전의 발발은 그녀의 관심을 군부대를 돕는 것으로 돌렸고 그녀는 유럽 전역의 전쟁터로 보낼 14개의 의료 부대를 조직했다. 질병으로 고통받는 군인과 민간인 모두를 돌보다가 Inglis는 러시아에서 병에 걸려서 영국으로 돌아와야만 했고, 그곳에서 1917년에 사망했다. 그녀는 열정, 강인함, 그리고 온정의 훌륭한 여성으로 여전히 기억되고 있다.

정답 Pattern: Description
③

- [ ] **enlightened** 깨우친, 계몽된, 개화된
- [ ] **consider** 고려하다
- [ ] **support** 지원, 후원, 뒷받침
- [ ] **terrify** 놀라게 하다, 겁나게 하다
- [ ] **treatment** 치료
- [ ] **found** 설립하다
- [ ] **staff** 직원
- [ ] **consist of** ~로 구성되다
- [ ] **engage in** ~에 참여하다
- [ ] **outbreak** 발발
- [ ] **troop** 군부대
- [ ] **battlefield** 전쟁터
- [ ] **care for** 돌보다
- [ ] **civilian** 민간인
- [ ] **enthusiasm** 열정
- [ ] **strength** 힘, 강인함
- [ ] **kindliness** 친절, 온정, 친절한 행위

정수현 영어 독해 이론 [Text Structure and Pattern]

09 흔히 사용되는 '주의력을 지불하다'라는 어구는 통찰력이 있다. 여러분은, 여러분이 활동들에 할당할 수 있는 제한된 예산의 주의력을 소비하고, 만약 여러분이 여러분의 예산 한도를 넘어서려고 시도한다면, 여러분은 실패할 것이다. 활동들이 서로 간섭한다는 것은 수고로운 활동의 신호이고, 이는 한꺼번에 여러 일을 수행하기 어렵거나 불가능한 이유이다. 여러분은 빽빽이 들어선 차량 속으로 좌회전을 하는 동안에 17 곱하기 24를 계산할 수 없을 것이고, 분명히 시도해서도 안 된다. 여러분은 한 번에 여러 일을 할 수 있지만, 오직 그 일들이 쉽고 벅차지 않을 경우이다. 여러분은 텅 빈 고속도로에서 운전하면서 승객과 얘기해도 아마 안전하며, 많은 부모들은 다른 무언가를 생각하는 동안 그들이 아마도 약간의 죄책감을 갖고 아이에게 이야기를 읽어줄 수 있다는 것을 알게 되었다.

① 스토리텔링: 아이들의 관심을 집중시키는 도구
② 주의력이 잦은 정신적 휴식이 필요한 이유
③ 불가능을 가능하게 하는 주의
④ 당신의 주의력 한도 내에서 스스로를 유지하라

정답 ④ Pattern: G/S

- ☐ often-used 흔히 사용되는
- ☐ phrase 구, 구절, 표현
- ☐ pay attention 주의하다, 집중하다
- ☐ insightful 통찰력 있는
- ☐ dispose of ~을 처리하다, 없애다
- ☐ limited 제한된
- ☐ budget 예산
- ☐ attention 주의, 주목, 관심
- ☐ go beyond ~을 넘어서다, 초과하다
- ☐ interfere with ~을 방해하다, 간섭하다
- ☐ effortful 노력한, 노력이 필요한
- ☐ conduct 수행하다
- ☐ allocate 할당하다
- ☐ compute 계산하다
- ☐ dense traffic 번잡한 교통
- ☐ undemanding 힘들지 않은, 요구가 많지 않은
- ☐ probably 아마도
- ☐ carry on ~을 계속하다
- ☐ empty 텅 빈
- ☐ guilt 죄책감
- ☐ frequent 빈번한
- ☐ relaxation 휴식, 완화

10 실제로 말을 할 수 있는 유일한 종으로서, '호모 사피엔스'는 큰 소리로 거짓말을 할 수 있는 유일한 종이다. 이 능력은 초기 인간에게 중요한 진화적 우위를 주었다. 이미 그들은 교묘하게 숨겨둔 덫으로 먹이를 사냥함으로써 또는 먹잇감을 절벽으로 달려가도록 속임으로써 그들의 기만적인 기술의 숙련을 증명했다. 인간의 말하는 능력이 발달함에 따라, 우리의 먹잇감을 속이고 포식자를 속이는 능력뿐만 아니라 다른 인간들을 속이는 능력 역시 발달했다. 이것은 또한 이로울 수 있었다. 경쟁 부족의 구성원들에게 서쪽으로 이동하는 순록의 무리가 동쪽으로 이동했다고 설득할 수 있는 사람들은 생존을 위한 전쟁에서 승리했다. 언어적 속임수는 초기 인간에게 그러한 생존의 이점을 주어서 일부 진화 생물학자들은 말하는 능력과 거짓말하는 능력이 함께 발달했다고 믿는다.

① 거짓말이 인간의 생존에 어떤 영향을 미쳤는지
② 소음과 사냥은 어울리지 않는다
③ 친구에게 거짓말을 할 때의 도덕적 갈등
④ 거짓말: 신뢰 부족으로 인한 사회적 현상

정답 ① pattern: S/G

- ☐ species 종
- ☐ lie 거짓말 하다
- ☐ capacity 능력
- ☐ evolutionary edge 진화의 우위
- ☐ demonstrate 입증하다, 실증하다; 보여주다, 설명하다
- ☐ mastery 숙달, 통달; 지배력
- ☐ deceptive 기만적인
- ☐ prey 먹이
- ☐ trap 덫
- ☐ trick 속이다
- ☐ cliff 절벽
- ☐ develop 발달하다, 계발하다
- ☐ deceive 속이다
- ☐ predator 포식자
- ☐ advantageous 이로운, 유리한
- ☐ persuade 설득하다
- ☐ herd 무리, 떼
- ☐ deceitfulness 속임수
- ☐ hand in hand 함께

11 약 40억 년 전에 분자는 서로 결합하여 세포를 형성했다. 약 20억 년 후에는 세포가 결합하여 더 복합적인 세포를 형성했다. 그리고 나서 10억 년 후에는 이 더 복합적인 세포가 결합해서 다세포 생물을 형성했다. 관여한 개체들이 협력함으로써 자신의 유전 물질을 새롭고 더 효과적인 방식으로 퍼뜨릴 수 있었기 때문에, 이 모든 것들이 진화하게 되었다. 또 한 번 10억 년을 빨리 앞으로 감아 우리가 사는 세상으로 오면, 개미부터 늑대, 사람에 이르기까지 사회적 동물로 가득하다. 같은 원리가 적용된다. 무리를 지은 개미와 늑대는 한 마리의 개미나 늑대가 전혀 할 수 없는 일을 할 수 있고, 우리 인간은 서로 협력함으로써 지구의 지배적인 종이 되었다.

① 서로 협력하기
② 적과의 싸움
③ 다양한 기계의 발명
④ 차이점에 주의하기

정답 Pattern: Time order
①

- billion 10억
- molecule 분자
- join together 결합하다
- form 형성하다
- cell 세포
- complex 복합적인, 복잡한
- multicellular organism 다세포 생물
- evolve 진화하다
- spread 퍼뜨리다
- genetic material 유전 물질
- effective 효과적인
- fast-forward (테이프 따위를) 빨리 앞으로 감다
- full of ~으로 가득한
- social 사회적인, 사교적인
- principle 원리, 원칙
- apply 적용되다
- in groups 무리를 지어
- dominant 지배적인, 우월한
- species (생물의) 종
- cooperate 협력하다, 협조하다
- pay attention to ~에 유의하다, 주목하다

12 행동을 기반으로 사람들을 판단하는 것은 쉽다. 우리는 종종 말보다 행동에 더 많은 가치를 두도록 배우고, 그럴만한 충분한 이유가 있다. 다른 사람의 행동은 종종 그들이 하는 말보다 더 큰 목소리를 낸다. 하지만, 누군가가 난해한 행동을 보일 때, 여러분은 판단을 나중으로 유보하기를 원할 수도 있다. 사람들은 항상 그들의 행동으로 정의되는 것은 아니다. 누군가의 별로 바람직하지 않은 행동을 관찰한 후에 "그는 너무 거들먹거려,"또는 "그녀는 너무 심술궂어,"라고 보통 생각한다. 그러나 여러분은 그러한 추측을 즉시 내려서는 안 된다. 여러분은 그들을 낙인찍고 영원히 차단해 버리기 전에 다시 한 번 기회를 줘야 한다. 여러분은 누군가가 훌륭한 동료 또는 절친한 친구라는 것을 알게 될 수도 있으니, 단시간의 관찰로 사람을 여러분의 삶에서 제거하지 마라.

정답 Pattern: S/G
①

- judge 판단하다; 판사
- value 가치
- for good reason 정당한 사유로, 충분한 이유로
- volume 음량, 용량, 양
- exhibit 전시하다; 드러내다, 보이다
- behavior 행위
- reserve 보류하다, 유보하다
- judgement 판단
- define 정의하다
- common 흔한, 평범한
- bossy 우두머리 행세를 하는, 다른 사람을 쥐고 흔드는
- mean 인색한, 심술궂은; 의미하다
- observe 관찰하다; 준수하다
- desirable 바람직한
- second chance 다시 한 번의 기회
- label 꼬리표를 붙이다
- shut out 가로막다, 못 들어오게 하다
- co-worker 동료
- eliminate 제거하다
- brief 짧은, 잠시 동안의
- observation 관찰; 준수

정수현 영어 독해 이론 [Text Structure and Pattern]

13 세상에 영향을 끼친 위대한 사람들의 삶을 연구하라, 그러면 여러분은 사실상 모든 경우에 있어서 그들이 혼자 생각하는 상당한 양의 시간을 보냈다는 것을 알게 될 것이다. 역사에 영향을 끼친 모든 정치적 지도자는 생각하고 계획할 수 있는 혼자 있는 훈련을 실천했다. 위대한 예술가들은 셀 수 없이 많은 시간을 그들의 스튜디오에서 혹은 도구를 가지고 무언가를 하는 것뿐만 아니라, 그들의 아이디어와 경험을 탐구하는 데 쓴다. 혼자 있는 시간은 사람들로 하여금 그들의 경험을 정리하고, 통찰하고, 미래를 계획하게 한다. 혼자 있는 시간은 여러분의 삶을 변화시킬 잠재력을 가지고 있기 때문에 나는 여러분이 생각할 수 있는 장소를 찾고 여러분 자신을 잠시 멈추고 그것을 사용할 수 있도록 훈련시킬 것을 강력하게 권장한다. 그것은 여러분이 무엇이 정말 중요한지 중요하지 않은지를 파악하는데 도움을 줄 수 있다.

- ☐ impact 영향; 충돌
- ☐ virtually 사실상
- ☐ considerable 상당한
- ☐ discipline 훈련
- ☐ countless 셀 수 없이 많은
- ☐ instrument 도구
- ☐ explore 탐구하다
- ☐ sort through 자세히 살펴보다
- ☐ put ~ into perspective ~을 통찰하다
- ☐ encourage 고무하다
- ☐ pause 멈추다
- ☐ potential 잠재력
- ☐ figure out 파악하다

정답 ③ Pattern: S/G

14 광고를 하는 것과 지도를 만드는 것은 어떤 공통점이 있는가? 의심할 바 없이 최고의 대답은 그것들이 제한된 형태의 진실을 전달해야 하는 필요성을 공유하고 있다는 것이다. 광고는 매력적인 이미지를 만들어 내야하고, 지도는 분명한 이미지를 제공해야 하지만, 어느 것도 <u>모든 것을 말하거나 보여 줌</u>으로써 자기 목적을 충족할 수는 없다. 광고는 선전하는 회사나 서비스의 부정적인 측면을 숨기거나 약화시킨다. 이런 식으로, 그것은 자기에게 유리하게 유사한 제품과 비교하는 것을 홍보하거나 제품을 그것의 경쟁 제품과 차별화할 수 있다. 마찬가지로 지도는 혼란스럽게 할 세부 사항을 제거해야 한다.

① 정보의 양을 줄이기
② 모든 것을 말하거나 보여주기
③ 사람들의 목소리를 듣기
④ 시각적 이미지에만 의존하기

- ☐ advertising 광고하기, 광고(업)
- ☐ map-making 지도 제작
- ☐ have ~ in common ~을 공통으로 지니다, 공유하다
- ☐ share 공유하다
- ☐ limited 제한된, 한정된
- ☐ version (이전의 것이나 비슷한 종류의 다른 것들과 약간 다른) 형태
- ☐ advertisement 광고
- ☐ appealing 매력적인
- ☐ present 제공하다
- ☐ meet 충족하다
- ☐ cover up ~을 숨기다, ~을 가리다
- ☐ play down ~을 약화시키다
- ☐ favorable 유리한
- ☐ comparison 비교
- ☐ similar 유사한
- ☐ product 제품
- ☐ differentiate 차별화하다
- ☐ competitor 경쟁 상대
- ☐ likewise 마찬가지로
- ☐ remove 제거하다
- ☐ detail 세부 사항
- ☐ confusing 혼란스럽게 하는

정답 ② Pattern: 비교

15 새로운 기기, 옷, 혹은 무작위 잡동사니들을 사는 것은 그 자체로도 취미가 될 수 있다. 여러분이 다소 돈을 절약하고 싶다면, 물건을 사기보다는 무언가를 만드는 데서 즐거움을 찾도록 노력해라. 우리는 물건을 사는 것으로부터 얻는 것과 똑같은 만족감을 무언가를 만드는 것으로부터 얻는다. 만약에 여러분이 자랑스러워하는 무언가를 그리거나, 즐기는 무언가를 글로 쓴다면, 이제 여러분을 행복하게 만들어 주는 새로운 것을 삶에서 얻은 것이다. 새로운 기기를 사는 것이 여러분에게 비슷한 흥분감을 줄 수 있지만 그것은 아마도 더 일시적일 것이다. 물론, 우리가 추천하는 것도 돈이 들 수 있다. 그러나 여러분이 돈을 쓸 수 없다면, 여러분은 언제나 온라인에서 공예기술에 관해서 더 배우거나 여러분이 이미 가지고 있는 것을 연습할 수 있다. 비록 여러분 자신이 무언가를 만드는 데 결국 돈을 쓰게 될지라도, 가치가 급격히 떨어지게 될 물건을 수집하기보다는 여러분은 적어도 기술을 키워 나가고 있는 것이다.

① 취미로서 도구 수집에 대한 오해들
② 물건을 만드는 것이 왜 쇼핑보다 더 나은가
③ 비싼 취미 생활의 부정적인 영향들
④ 현명하게 옷을 구입하는 방법들

정답 ② Pattern: S/G

- [ ] gadget 도구, 기기
- [ ] random 무작위의
- [ ] junk 쓸모없는 물건, 폐물
- [ ] satisfaction 만족
- [ ] draw 그리다
- [ ] similar 유사한
- [ ] rush 흥분감
- [ ] temporary 일시적인
- [ ] recommendation 추천
- [ ] craft 공예, 기술
- [ ] end up 결국 ~하게 되다
- [ ] decrease 감소하다
- [ ] value 가치
- [ ] misconception 오해
- [ ] expensive 비싼
- [ ] purchase 사다, 구매하다
- [ ] wisely 현명하게

16 과잉보호하는 부모들은 아이들이 모든 자연적 결과를 경험하지 못하게 막는다. 불행히도, 그들의 자녀는 종종 부모가 정한 규칙 이면의 이유를 명확하게 이해하지 못한다. 부모들은 아이들이 만족스럽지 않은 선택을 하지 않도록 막았기 때문에 아이들은 결코 실패로부터 다시 일어나거나 실수로부터 회복하는 법을 배우지 못한다. 아이는 "밖에 날씨가 춥기 때문에 외투를 입어야지."라고 배우기보다는, "엄마가 시키니까 외투를 입어야지."라고 결론을 낼지도 모른다. 실제 세상이 주는 결과를 경험할 기회가 없으면, 아이들은 그들의 부모가 특정한 규칙들을 왜 만드는지를 항상 이해하는 것은 아니다. 자연적 결과는 아이들의 선택이 가져오는 잠재적인 결과에 대해 생각하게 함으로써 그들이 성인기를 대비할 수 있도록 해준다.

① 가상세계의 어두운 측면들
② 자연적 결과들이 아이들을 가르치게 하라
③ 선택이 더 많을수록 실수가 더 많다
④ 과보호 육아의 이점들

정답 ② Pattern: S/G

- [ ] overprotective 지나치게 보호하려는, 과보호하는
- [ ] spare 면하게 하다, 막다
- [ ] consequence 결과
- [ ] unfortunately 불행히도
- [ ] lack 부족하다
- [ ] rule 규칙
- [ ] bounce back 다시 회복하다
- [ ] failure 실패
- [ ] recover 회복하다
- [ ] mistake 실수
- [ ] prevent 막다, 방해하다
- [ ] conclude 결론짓다
- [ ] opportunity 기회
- [ ] prepare 준비하다, 준비시키다
- [ ] adulthood 성인기
- [ ] potential 잠재적인
- [ ] virtual 실제의
- [ ] benefit 장점, 혜택

정수현 영어 독해 이론 [Text Structure and Pattern]

17 Nauru는 남서 태평양에 있는 섬나라이다. 솔로몬 제도의 북동쪽 약 800마일에 위치해 있으며, 가장 가까운 이웃은 동쪽으로 약 200마일 떨어진 Banaba 섬이다. Nauru는 공식 수도는 없지만, 정부 건물들이 Yaren에 위치해 있다. 약 10,000명의 인구를 가진 Nauru는 남태평양에서 가장 작은 나라이고 면적으로는 세계에서 세 번째로 작은 나라이다. 국기에 있는 12개의 꼭짓점을 가진 별이 상징하듯이 Nauru 원주민은 12개의 부족으로 이루어져 있으며 이들은 Micronesia인, Polynesia인, Melanesia인이 혼합된 것으로 여겨진다. 그들의 모국어는 Nauru 어이지만, 영어가 행정 및 상업적인 목적으로 사용되기 때문에 널리 쓰인다.

정답 ④ Pattern: Description

- ☐ Pacific Ocean 태평양
- ☐ capital 수도
- ☐ be located in ~에 위치해 있다
- ☐ government 정부, 행정
- ☐ population 인구
- ☐ consist of ~로 구성되어 있다
- ☐ symbolize 상징하다
- ☐ pointed 뾰족한, 날카로운
- ☐ mixture 혼합
- ☐ purpose 목적

---

18 최근 연구들은 습관 형성에 관한 몇몇 흥미로운 결과를 알려 준다. 이 연구에서 하나의 긍정적인 습관을 성공적으로 익힌 학생들은 더 적은 스트레스, 더 적은 충동적 소비, 더 나은 식습관, 줄어든 카페인 섭취, 더 적은 TV 시청 시간, 그리고 심지어 더 적은 설거지를 안 한 접시를 (갖고 있음을) 보고했다. 계속하여 하나의 습관을 충분히 오래 들이려고 노력해라, 그러면 그 습관이 더 쉬워질 뿐만 아니라 다른 일들 또한 더 쉬워진다. 이것이 올바른 습관을 가진 사람들이 다른 사람들보다 더 뛰어나 보이는 이유이다. 그들은 가장 중요한 일을 규칙적으로 하고 있고, 결과적으로 그 밖의 모든 일이 더 쉬워진다.

정답 ④ Pattern: 중괄식

- ☐ habit 습관
- ☐ formation 형성
- ☐ successfully 성공적으로
- ☐ acquire 익히다, 얻다
- ☐ report 보고하다, 알리다
- ☐ impulsive spending 충동적 소비
- ☐ dietary 음식의
- ☐ decrease 감소하다
- ☐ consumption 소비
- ☐ work on ~하려고 노력하다
- ☐ regularly 규칙적으로
- ☐ as a result 결과적으로

---

19 윈스턴 처칠이 "좋은 위기가 절대 낭비되게 하지 말라"라고 말한 적이 있는지는 분명하지 않지만, 그것은 일부 영국에 위치한 기업가들이 지키고 사는 원칙이다. 영국 기업 등록 자료는 자본주의가 어떻게 가장 기억하기 쉬운 위기 유행어를 이용하고 있는지를 보여준다. 2021년 7월 현재, 2010년 이후 등록된 269개의 회사들이 (자신들의 회사명에) "코비드(Covid)"를 사용했고, 또 다른 163개의 회사들은 "브렉시트(Brexit)"를 사용했다. 우리 시대의 다른 주요한 조짐들에 관해서 말하자면, "비트코인(bitcoin)", "블랙체인(blackchain)," 그리고 암호화폐(crypto)"에 대한 검색이 각각 416, 576, 그리고 947번으로 드러나는데 대부분은 2017년 암호화폐 버블 동안에 신청된 것이다. 2020년 이전에 등록된 코비드(Covid) 회사들은 어떠한가? 거대한 음모는 없다. 대부분의 경우 그러한 사업체들은 세계적인 유행병이 발생하고 난 이후 그들의 회사명을 다시 지었을 뿐이다.

① 회사 이름에는 부정적인 의미가 있더라도 회사 이름은 종종 그들이 사는 세상을 반영한다.
② "위기"의 예로는 "비트코인", "블록체인" 및 "크립토"가 있다.
③ 회사 이름에 "코로나"가 사용되고 유행병이 발생한 시기에 대한 음모가 존재한다.
④ 2020년 이후 설립된 일부 기업이 이름에 '코로나'를 달고 있는 것은 순전히 우연이다.

정답 ① Pattern: 나열

- ☐ go to waste 낭비되다, 허비되다, 폐물이 되다
- ☐ maxim 격언, 금언
- ☐ entrepreneur 기업가, 사업가
- ☐ live by (신조, 원칙)에 따라 살다
- ☐ register 등록하다
- ☐ exploit 이용하다; 착취하다
- ☐ catchy 기억하기 쉬운
- ☐ buzzword 유행어
- ☐ as of ~현재로
- ☐ as for ~에 관해서는, ~에 대해서 말하자면
- ☐ crypto 암호화폐, 가상화폐 (cryptocurrency 의 줄임말)
- ☐ respectively 각각, 각자, 제각기
- ☐ conspiracy 음모, 모의
- ☐ pandemic 유행병
- ☐ break out 발생하다, 발발하다

20 천연자원을 보존하는 데 있어서 우리가 직면하는 문제들은 힘들고 복잡하다. 대체할 수 없는 생명 공동체들의 마지막 기준을 의미하는 습지대나 숲의 심지어 아주 작은 부분들을 보존하는 것조차 번거로운 법적 절차, 상충하는 지역의 이익들, 정부와 민간의 자연보존 기구들의 중첩되는 관할권, 복잡하게 얽힌 경제적인 사회적인 고려사항들이 뒤얽혀 있다. 이러한 요소들을 해결하는데 시간을 쓰는 동안, 보존되어야 할 지역이 사라지는 일이 종종 발생한다. 심지어 더 만만찮은 것은 미국의 북동부와 같은 지역에서 도시 지역의 확산으로 제기되는 대규모 보존 문제이다. 인간의 성장에 대한 압박이 그러한 사례들에서 너무도 극심해서 솔로몬의 지혜를 요구하게 될 문제들을 제기한다.

① 천연자원을 보존하는 최선의 방법들
② 친환경 미래를 위한 교육
③ 생물학적 공동체와 함께 사는 것
④ 보존의 방해

정답 Pattern: 두괄식
④

- conserve 보존하다, 보호하다
- natural resource 천연자원
- laborious 힘든, 고된
- complex 복잡한
- preserve 보존하다, 보호하다
- marshland 습지대, 소택지
- woods 나무, 숲, 삼림
- represent 대표하다, 대변하다; 나타내다, 의미하다
- standard 기준
- irreplaceable 대체할 수 없는
- biotic 생명의, 생물의
- interweave 섞어 짜다, 뒤섞다
- red tape
  관료적 형식주의, 번거로운 절차
- conflicting
  모순되는, 상충되는, 상반되는
- local interest 지역(지역민)의 이익
- overlap 겹치다, 포개지다
- jurisdiction 관할권, 사법권; 관할구역
- governmental 정부의
- private 민간의
- conservation body 보존 기구
- intricate 복잡한, 얽힌
- tangle 엉킴, 얽힘
- consideration 사려, 배려; 고려사항
- resolve 해결하다
- factor 요인, 요소
- swallow up 집어 삼키다
- formidable
  무서운, 가공할, 어마어마한, 만만찮은
- scale 규모
- spread 확산
- urban belt 도시 지대
- pressure 압력, 압박
- acute 격심한, 극심한; 급성의; 예민한
- tax 세금, 세금을 부과하다; 무거운 부담을 지우다, 청구하다

Memo

정수현 교수

약|력

(현) 미래인재고시학원 영어 전임 교수
(현) 위즈고시학원 영어 전임 교수
(전) KG 패스원 영어 전임 교수
(전) 대방고시학원 영어 전임 교수
(전) 김영 편입학원 영어 전임 교수
(전) 한양대학교 / 동국대학교 교내 TOEIC 강사

〈Oklahoma City University TESOL 석사〉

저|서

- 정수현 영어 - 구문 (문장 확장의 원리)
- 정수현 영어 - 문법이론
- 정수현 영어 - 독해이론
- 정수현 영어 - 기출문제집 (독해편)
- 정수현 영어 - 기출문제집 (문법&어휘편)
- 정수현 영어 - 시험에 나오는 문법 핵심 포인트 100

정수현 영어
독해이론 (Text Structure and Pattern)

인 쇄 | 2023년 7월 10일
발 행 | 2023년 7월 17일
저 자 | 정수현
발행인 | 최승철
발행처 | 더에이스에듀
주 소 | 서울시 동작구 노량진동 100-1
전 화 | 02-814-7391
팩 스 | 02-814-7392

이 책은 무단 전재 또는 복제 행위는 「저작권법」 제136조 1항에 의거 5년 이하의 징역 또는 5,000만원 이하의 벌금에 처하거나 이를 병과할 수 있습니다.
파본은 구입처에서 교환 합니다.